AF480366

Cuando el Amor Termina

Sanación y Crecimiento Personal, Volume 1

Arturo José Sánchez Hernández

Published by Arturo José Sánchez Hernández, 2024.

CUANDO EL AMOR TERMINA

First edition. November 3, 2024.

Copyright © 2024 Arturo José Sánchez Hernández.

ISBN: 979-8227673367

Written by Arturo José Sánchez Hernández.

Tabla de Contenido

PREFACIO

El final de una relación amorosa puede sentirse como el fin de un mundo. Es un momento de profunda tristeza, en el que las ilusiones y expectativas se desvanecen, dejándonos con una sensación de vacío y desorientación. Sin embargo, también es una oportunidad para el crecimiento personal, una puerta que se abre hacia el autodescubrimiento y la transformación.

Como psiquiatra, he trabajado con muchas personas que han atravesado el dolor de una ruptura amorosa. A lo largo de los años, he sido testigo de cómo el duelo puede parecer insuperable, pero también he visto cómo, con el apoyo adecuado y una actitud compasiva hacia uno mismo, es posible encontrar la luz al final del túnel y comenzar de nuevo con fuerza renovada.

Este libro, "Cuando el Amor Termina: Guía para Sanar con Dignidad", está diseñado para acompañarte en ese proceso de sanación. No pretende ofrecer soluciones rápidas ni recetas mágicas, sino invitarte a reflexionar sobre lo vivido, a procesar el dolor con serenidad y, finalmente, a reconectar contigo mismo de una manera genuina y empática. La dignidad, en estos momentos, es un pilar esencial para seguir adelante sin perder nuestra esencia.

A través de estas páginas, encontrarás herramientas y recomendaciones para transitar el duelo amoroso con integridad. Cada reflexión, tiene el propósito de recordarte que el amor más importante es el que nos tenemos a nosotros mismos. Sanar no es un proceso sencillo ni inmediato, pero es un viaje que, con paciencia y amabilidad hacia ti mismo, te llevará a una nueva etapa llena de posibilidades.

Espero que este libro sea una luz en medio de la oscuridad, un recordatorio de que, aunque el amor cambie de forma, la vida sigue llena de oportunidades para sentir, crecer y volver a amar.

Cada final lleva consigo el potencial de un nuevo comienzo. Aunque ahora todo parezca incierto y doloroso, recuerda que dentro de ti existe la fuerza para superar este momento y construir una vida plena y auténtica. Permítete sentir cada emoción, aprender de cada experiencia y confiar en que el futuro traerá nuevas oportunidades para amar y ser feliz.

Con cariño, Dr. Arturo José Sánchez Hernández.

El Autor.

¿VOLVER O NO VOLVER?: CÓMO RECONOCER SI LA RELACIÓN TIENE UNA OPORTUNIDAD DE RECONCILIACIÓN

TERMINAR UNA RELACIÓN amorosa no siempre significa que todo esté perdido. A veces, después de un tiempo de reflexión, surge la pregunta: "¿Deberíamos intentarlo de nuevo?" Este es un tema delicado, ya que volver puede ser una oportunidad para crecer juntos, pero también puede causar más daño. Aquí te doy algunas claves para reconocer si la relación tiene una oportunidad de reconciliación o si es mejor seguir adelante.

Evalúa los Motivos de la Ruptura

El primer paso para considerar la posibilidad de volver es evaluar honestamente las razones de la ruptura. ¿Fueron problemas de comunicación, diferencias irreconciliables o comportamientos dañinos? Si la ruptura se debió a factores externos o a un malentendido que puede resolverse, quizás haya una oportunidad. Sin embargo, si hubo abuso, desconfianza crónica o falta de respeto, es más seguro seguir adelante.

Pregúntate si Ambos Han Cambiado

Para que la reconciliación tenga éxito, es fundamental que ambas partes hayan trabajado en los problemas que originaron la ruptura. Pregúntate si tanto tú como tu ex han crecido, cambiado y aprendido de la experiencia. Sin cambios genuinos y sin el deseo de ser mejores, es muy probable que la relación vuelva a los mismos problemas del pasado.

Analiza si los Sentimientos Aún Son Fuertes y Sinceros

Es importante preguntarse si los sentimientos hacia la otra persona siguen siendo genuinos y si hay un deseo mutuo de construir algo juntos. A veces, la nostalgia o el miedo a la soledad pueden hacer que idealices la relación. Asegúrate de que tu deseo de volver provenga del amor y no del miedo o la costumbre.

Evalúa la Capacidad de Perdonar y Dejar el Pasado Atrás

Volver implica poder perdonar y dejar atrás los errores del pasado. Si alguno de los dos no es capaz de perdonar o si el resentimiento sigue presente, la reconciliación será difícil. El perdón verdadero es clave para comenzar de nuevo sin las cargas del pasado. Pregúntate si puedes aceptar lo que ocurrió y comprometerte a no revivir viejos conflictos.

Mantén una Comunicación Honesta y Abierta

Una relación que tiene una oportunidad de reconciliación necesita una base sólida de comunicación honesta. Si ambos pueden hablar abiertamente sobre lo que salió mal, lo que necesitan cambiar y cómo piensan mejorar, entonces hay una base para trabajar juntos. Sin embargo, si la comunicación sigue siendo difícil o evasiva, es probable que los mismos problemas resurjan.

Evalúa si Existe un Compromiso Real de Ambas Partes

Una reconciliación solo funcionará si ambas partes están dispuestas a comprometerse y a trabajar para mejorar la relación. Pregúntate si ambos están dispuestos a hacer concesiones, cambiar comportamientos dañinos y construir un futuro juntos. Si solo uno de los dos está dispuesto a intentarlo, será muy difícil que la relación prospere.

Reflexiona sobre el Impacto en tu Bienestar

Finalmente, evalúa si volver con tu ex contribuye a tu bienestar emocional. ¿Te sientes más feliz, seguro y en paz con la idea de regresar? ¿O sientes ansiedad, miedo y dudas constantes? Escucha tus emociones, ya que ellas te darán pistas sobre si es una buena decisión. Una relación debe sumar y hacerte sentir pleno, no restarte energía ni causarte angustia.

CONSIDERACIONES FINALES

Decidir si volver o no con una expareja es una decisión importante que requiere reflexión profunda y honesta. No te apresures ni te dejes llevar solo por las emociones del momento. Date tiempo para evaluar si la relación tiene una base sólida y si ambos están dispuestos a construir algo nuevo y mejor. Recuerda, la prioridad debe ser tu bienestar y crecimiento personal.

MITOS Y REALIDADES SOBRE EL DUELO AMOROSO: DERRIBANDO LA FICCION PARA ENTERNDER LA REALIDAD DE LA PÉRDIDA

SUPERAR UNA RUPTURA amorosa es un proceso lleno de emociones intensas, influenciado muchas veces por los mitos que escuchamos. En este apartado se desenmascaran algunos de esos mitos comunes sobre el duelo amoroso, para que puedas tener una visión más realista y constructiva sobre cómo afrontar esta etapa.

Mito 1: "El tiempo lo cura todo"

Realidad: El tiempo no lo es todo; la actitud también cuenta. Es cierto que con el tiempo las heridas tienden a sanar, pero por sí solo no es suficiente para superar una ruptura. Lo que realmente importa es cómo decides enfrentarte a ese tiempo. Adoptar una actitud positiva, buscar apoyo emocional y trabajar en tu bienestar personal son aspectos fundamentales para que el tiempo sea un aliado, no un mero testigo del dolor.

Mito 2: "Debes ser fuerte y no llorar"

Realidad: Llorar es parte natural del proceso de sanación. Expresar tus emociones no es un signo de debilidad, sino todo lo contrario. Llorar permite liberar el dolor y comenzar a aceptar lo sucedido. Permítete sentir sin juzgarte. Las lágrimas son un paso hacia la sanación, y ser fuerte muchas veces implica aceptar la vulnerabilidad.

Mito 3: "Debes olvidar rápidamente"

Realidad: No se trata de olvidar, sino de aprender a vivir con ello. Intentar olvidar a una persona que fue importante puede ser muy difícil e incluso contraproducente. En lugar de forzarte a olvidar, concéntrate en aceptar la situación, aprender de la experiencia y dar espacio a nuevos proyectos. El objetivo no es borrar el pasado, sino aprender a vivir con él sin que te haga daño.

Mito 4: "Reemplaza el amor perdido con otro rápidamente"

Realidad: No todos los vacíos se llenan con otra relación. Buscar una nueva relación para llenar el vacío dejado por la anterior puede llevarte a relaciones tóxicas o a cometer los mismos errores del pasado. Es importante sanar primero, redescubrir quién eres y lo que necesitas. Una nueva relación debe ser un aporte positivo, no un remedio para evitar el dolor.

Mito 5: "Los hombres y las mujeres superan el duelo de manera diferente"

Realidad: Cada persona enfrenta el duelo de manera única, sin importar el género. La creencia de que hombres y mujeres lidian con el dolor de forma completamente distinta puede llevar a expectativas erróneas. Cada ser humano experimenta el duelo de forma única. Lo importante es encontrar las herramientas que te ayuden a sanar, ya sea hablar, escribir, realizar actividades físicas o buscar ayuda profesional.

Mito 6: "Debes evitar pensar en tu ex a toda costa"

Realidad: Pensar en la relación es parte del proceso de aceptación. Tratar de evitar cualquier pensamiento relacionado con tu ex solo prolongará el proceso. Reflexionar sobre lo que sucedió es fundamental para el duelo. La clave está en no aferrarte a esos pensamientos de manera obsesiva, sino en observarlos, aceptarlos y seguir adelante. Reflexionar te ayuda a aprender y crecer.

Mito 7: "No debes mostrar tristeza delante de los demás"

Realidad: Expresar tu dolor es natural y necesario. Mostrar tristeza y vulnerabilidad ante los demás no es un signo de debilidad. Hablar sobre tus sentimientos con alguien de confianza, ya sea un amigo, familiar o terapeuta, te ayudará a liberar el dolor y encontrar apoyo. La tristeza es una emoción válida y parte del proceso.

Mito 8: "Una ruptura es un fracaso personal"

Realidad: No todas las relaciones están destinadas a durar para siempre. Terminar una relación no significa que hayas fallado. Las relaciones son oportunidades para aprender y crecer. A veces simplemente dejan de funcionar, y eso está bien. Ver la ruptura como una experiencia de aprendizaje te ayudará a crecer y a prepararte mejor para el futuro.

Mito 9: "Tienes que ser amigo de tu ex para demostrar que todo está bien"

Realidad: No siempre es saludable mantener una amistad con tu ex. Algunas personas pueden ser amigas de su ex, pero eso no significa que sea lo mejor para todos. Cada ruptura es distinta, y es importante escuchar tus propias necesidades emocionales. Si el contacto con tu ex dificulta tu recuperación, es mejor poner distancia y enfocarte en ti mismo.

Mito 10: "Tu vida nunca será la misma sin esa persona"

Realidad: Aunque las cosas cambien, tu vida puede ser igual o más plena. Es común pensar que la vida no será igual sin esa persona, pero eso no significa que no pueda ser maravillosa. Si bien el cambio es inevitable, con el tiempo podrás reconstruir tu vida, encontrar nuevas pasiones y rodearte de personas que te aporten felicidad. La ruptura es solo el final de un capítulo, no de tu historia completa.

CONSIDERACIONES FINALES

El duelo amoroso, aunque doloroso, te da la oportunidad de crecer y conocerte mejor. Desenmascarar estos mitos te permitirá abordar este momento con una actitud más realista y comprensiva hacia ti mismo. No hay un manual perfecto para superar una ruptura, pero lo importante es tomar cada día como una oportunidad de avanzar hacia la sanación.

CUANDO EL AMOR SE TERMINA: CÓMO AFRONTAR LA PÉRDIDA SIN CULPA

TERMINAR UNA RELACIÓN es un proceso doloroso y lleno de emociones complejas. La sensación de pérdida suele ir acompañada de una búsqueda constante de razones y culpables, pero la realidad es que algunas relaciones simplemente llegan a su fin sin que necesariamente exista un culpable. Aceptar esta realidad es fundamental para sanar y seguir adelante. A continuación, te comparto algunas ideas para afrontar la pérdida sin culpa y aprender a soltar con paz.

Acepta que el Fin de una Relación No Significa un Fracaso

Una de las creencias más dañinas después de una ruptura es pensar que el final de la relación es sinónimo de fracaso. Muchas relaciones cumplen su propósito, ya sea ayudándonos a crecer, a aprender lecciones importantes, o simplemente a experimentar el amor en su forma más pura. Que una relación llegue a su fin no significa que tú o tu pareja hayan fallado. En lugar de verlo como un fracaso, acéptalo como una etapa que llegó a su conclusión natural.

Entiende que el Amor Cambia y Evoluciona

El amor no siempre se mantiene igual. Las personas cambian, las circunstancias cambian, y a veces el amor también cambia. Ese amor intenso al principio puede evolucionar hacia un afecto más tranquilo o incluso desvanecerse. Es importante entender que estos cambios son naturales y no implican que haya algo malo en ti o en la otra persona. Reconocer que el amor puede cambiar te permitirá aceptar el fin sin buscar culpables.

No Te Culpes ni Culpes al Otro

Después de una ruptura, es fácil caer en la trampa de culparse o culpar a la otra persona. Muchas veces no hay un culpable claro. Las relaciones terminan por múltiples razones: diferencias de objetivos, falta de compatibilidad, cambios personales, entre muchos otros. Es importante entender que culparse o culpar solo añadirá más dolor y retrasará el proceso de sanación. En lugar de buscar culpables, enfócate en aceptar la situación y aprender lo que puedas para el futuro.

Practica el Perdón y la Compasión

Perdonar a la otra persona y, sobre todo, perdonarte a ti mismo es clave para afrontar la pérdida sin culpa. La compasión hacia ti y hacia tu ex pareja te ayudará a soltar el resentimiento y a ver la situación con mayor claridad y paz. Entender que ambos hicieron lo mejor que pudieron dadas las circunstancias te permitirá liberarte de la culpa y avanzar. La compasión no significa ignorar lo que sucedió, sino aceptar que ambos son humanos y que todos cometemos errores.

Reflexiona sobre las Lecciones Aprendidas

Cada relación deja aprendizajes valiosos que pueden ayudarte a crecer como persona. Reflexionar sobre las lecciones que te dejó la relación es una forma de darle sentido a lo vivido sin caer en la culpa. Pregúntate qué aprendiste de ti mismo, de tus necesidades, de tus límites, y de cómo quieres relacionarte en el futuro. Este enfoque te permitirá ver la relación como una parte importante de tu vida, pero no como un error o un fracaso.

Permítete Sentir sin Juzgar

Es natural sentir tristeza, enojo, o incluso alivio después de una ruptura. Todas estas emociones son válidas y necesarias para procesar la pérdida. No te juzgues por lo que sientes ni por la intensidad de tus emociones. Permítete llorar, hablar, escribir o expresar lo que estás viviendo de la forma que necesites. Aceptar y expresar tus emociones es una parte importante del proceso de sanación.

Enfócate en el Futuro

Aceptar que una relación llegó a su fin también implica permitirte mirar hacia adelante. En lugar de quedarte atrapado en el "¿qué salió mal?", enfócate en cómo quieres que sea tu vida a partir de ahora. Establece nuevos objetivos, rodéate de personas que te apoyen y enfócate en actividades que te hagan feliz. Enfocarte en el futuro te ayudará a soltar el pasado y a construir un camino lleno de nuevas oportunidades.

CONSIDERACIONES FINALES

Entender que el amor puede terminar sin que haya un culpable es un paso importante para sanar después de una ruptura. Las relaciones son experiencias que nos ayudan a crecer y no siempre están destinadas a durar para siempre. Aceptar el fin sin culpa te permitirá cerrar ese capítulo de tu vida con paz y abrirte a nuevas posibilidades. Recuerda que el valor de una relación no se mide por su duración, sino por lo que significó y lo que aprendiste de ella.

ETAPAS DEL DUELO AMOROSO: NAVEGANDO EL DOLOR CON ESPERANZA

UNA RUPTURA AMOROSA puede sentirse como si el mundo se desmoronara, llevándonos por un torbellino de emociones intensas y, a veces, contradictorias. Este proceso, conocido como duelo amoroso, atraviesa diferentes etapas que, aunque dolorosas, son necesarias para poder sanar y encontrar la paz nuevamente. A continuación, exploraremos estas etapas y algunas estrategias para sobrellevarlas.

NEGACIÓN

La negación es la primera respuesta de nuestra mente al dolor. En esta etapa, resulta difícil aceptar que la relación ha terminado. Es posible que sigas esperando un mensaje, una llamada o incluso fantaseando con una reconciliación. La negación nos protege del dolor al principio, pero es importante ser conscientes de esta fase para poder seguir adelante.

Recomendación: Trata de aceptar la realidad poco a poco. Habla con personas de confianza sobre lo sucedido, ya que expresar lo que sientes te ayudará a asimilar los hechos.

IRA

Una vez que la realidad empieza a asentarse, puede surgir la ira. Puedes sentir enojo contigo mismo, con la otra persona o con la vida en general. Este enojo puede aparecer de muchas formas: resentimiento, culpa o irritabilidad sin razón aparente. Es normal sentir enojo, pero canalizarlo de manera saludable es esencial para no quedarte estancado en esta etapa.

Recomendación: Encuentra formas de liberar esta ira de manera constructiva, como practicar ejercicio físico, escribir un diario o hablar con amigos. Es importante no dirigir esta ira hacia ti mismo ni hacia los demás.

NEGOCIACIÓN

En la etapa de negociación, intentas darle sentido a lo que ocurrió. Pueden surgir pensamientos como "¿Y si hubiera hecho esto diferente?" o "¿Y si nos damos otra oportunidad?". Aquí la mente busca revertir lo sucedido, como si pudieras retroceder en el tiempo y cambiar el final de la historia.

Recomendación: Recuerda que no tiene sentido castigarse pensando en lo que podría haber sido. Acepta que, por más que lo desees, el pasado no se puede cambiar. En lugar de eso, enfócate en lo que puedes aprender de la experiencia para tu futuro.

DEPRESIÓN

Esta es la etapa en la que el dolor se siente más profundo. Puede parecer que el vacío no desaparecerá y que la tristeza es interminable. Es común sentirse solo, desmotivado o perder el interés en las cosas que antes te hacían feliz. Es importante recordar que esta etapa, aunque difícil, también pasará.

Recomendación: No te aísles. Permítete sentir el dolor, pero busca actividades que te reconforten, como pasar tiempo con amigos y familia, practicar hobbies que te gusten, o incluso buscar ayuda profesional si sientes que lo necesitas.

ACEPTACIÓN

La aceptación no significa que dejes de sentir dolor, sino que empiezas a comprender y aceptar que la relación ha llegado a su fin. Comienzas a soltar las expectativas y los "hubiera". Poco a poco, la tristeza se va transformando en una sensación de paz y empiezas a vislumbrar un futuro más esperanzador.

Recomendación: En esta etapa, es momento de pensar en ti y en lo que quieres para tu vida. Retoma metas personales, haz planes nuevos y enfócate en actividades que te llenen de satisfacción. Cada paso, por pequeño que sea, te llevará a una mejor versión de ti mismo.

CONSIDERACIONES FINALES

El duelo amoroso es un proceso que lleva tiempo, y cada persona lo vive de manera diferente. No hay una manera correcta de sentir ni un tiempo específico para superar cada etapa. Lo importante es ser amable contigo mismo y permitirte sentir cada emoción sin prisa. Aunque ahora el dolor sea intenso, con el tiempo irás sanando y reconstruyendo tu vida. ¡No estás solo en este viaje!

ACEPTAR EL DOLOR: UN PASO NECESARIO EN EL PROCESO DE SANACIÓN

DESPUÉS DE COMPRENDER las etapas del duelo, es importante hablar sobre un paso esencial que a menudo evitamos: aceptar el dolor. La ruptura de una relación puede ser una experiencia devastadora, y el dolor que trae consigo es real y profundo. Sin embargo, el camino hacia la recuperación comienza con la aceptación de ese dolor, reconociendo que es una parte natural del proceso de sanación.

El dolor como parte necesaria del proceso

Sentir dolor no es fácil. A menudo, queremos evitarlo, distraernos y seguir adelante sin enfrentarlo. Sin embargo, el dolor tras una ruptura es una respuesta natural a la pérdida de alguien importante para nosotros. Aceptar el dolor no significa rendirse al sufrimiento, sino reconocer que esa tristeza es un reflejo del amor y del significado que esa relación tuvo en nuestra vida.

Cuando evitamos el dolor, solo postergamos la sanación. Intentar llenar el vacío con actividades, relaciones o distracciones solo nos alivia temporalmente. Aceptar el dolor nos permite procesar lo que sentimos, transformarlo y, finalmente, superarlo.

Cómo aceptar el dolor

- **Permítete sentir:** Para aceptar el dolor, lo primero que debes hacer es permitirte sentir. Si necesitas llorar, hazlo. Si sientes tristeza, déjala fluir sin juzgarte. Las emociones son parte de nosotros, y reprimirlas solo alarga el proceso. Sentir es parte de la sanación y, aunque sea difícil, es el primer paso hacia la libertad emocional.

- **No luches contra tus emociones:** A menudo, nos sentimos culpables por lo que sentimos. Pensamos que deberíamos "estar bien" más rápido o que mostrar tristeza es una señal de debilidad. Sin embargo, luchar contra nuestras emociones solo intensifica el sufrimiento. Deja de luchar contra el dolor y, en su lugar, trátalo como un invitado. Reconoce que está ahí por una razón y que es un paso natural en el proceso de recuperación.

- **Usa el dolor como una herramienta de crecimiento:** Aunque en el momento pueda parecer imposible, el dolor puede ser una gran herramienta de crecimiento personal. Pregúntate: ¿qué puedo aprender de esta experiencia? ¿Cómo puedo usar este momento difícil para fortalecerme y conocerme mejor? El dolor nos enseña sobre nuestras necesidades, nuestros límites y nuestros valores. Utilizarlo como un catalizador para el crecimiento puede ayudar a darle un nuevo sentido al sufrimiento.

– Busca un espacio seguro para expresar lo que sientes: Hablar con alguien de confianza sobre lo que sientes, escribir en un diario o realizar actividades artísticas que te permitan expresar tu dolor son maneras efectivas de aceptar lo que estás pasando. El acto de expresarse es liberador y te ayudará a procesar tus emociones de una manera más saludable.

– Recuerda que el dolor es temporal: Aunque en los momentos más difíciles pueda parecer que el dolor durará para siempre, es importante recordar que todo dolor es temporal. La aceptación no significa que el dolor se quedará para siempre, sino que es una manera de hacerle frente sin huir. El tiempo, junto con la aceptación, es el mejor aliado para que el dolor disminuya y puedas encontrar nuevamente la paz.

El poder de aceptar el dolor

Aceptar el dolor es un acto de valentía y amor propio. No siempre es fácil enfrentarse a lo que sentimos, pero cuando lo hacemos, nos damos la oportunidad de sanar verdaderamente. El dolor es parte de la vida y, aunque muchas veces intentamos evitarlo, es también lo que nos permite crecer, evolucionar y encontrar un significado más profundo en nuestras experiencias.

CONSIDERACIONES FINALES

Aceptar el dolor después de una ruptura no significa rendirse a él, sino darle el espacio que necesita para ser procesado y transformado. Recuerda que el dolor es solo una etapa más en el proceso de sanación y que, a través de la aceptación, puedes encontrar la fortaleza necesaria para reconstruirte. Dale al dolor la bienvenida que merece, y poco a poco verás cómo se convierte en el terreno fértil para nuevos comienzos y una versión más fuerte de ti mismo.

VALOR DEL TIEMPO PARA SANAR: IMPORTANCIA DE DARLE ESPACIO A LA RECUPERACIÓN

TERMINAR UNA RELACIÓN puede ser uno de los desafíos emocionales más difíciles de enfrentar. En medio del dolor, es natural sentir el impulso de encontrar alivio rápido, de llenar el vacío con una nueva relación o de buscar distracciones que minimicen el sufrimiento. Sin embargo, el verdadero proceso de sanación requiere tiempo y cuidado. Aquí te hablaré sobre la importancia de darte el tiempo necesario para sanar y cómo evitar apresurarte a llenar ese vacío con otra relación.

Tiempo para Sanar: Un Acto de Amor Propio

El tiempo para sanar es un regalo que te haces a ti mismo. Tomarte un espacio para procesar el dolor, reflexionar sobre lo que ocurrió y conocer mejor tus propias emociones es un acto de amor propio. Al hacerlo, te permites reconectar contigo mismo, entender qué necesitas y qué deseas para el futuro. Sanar no es un proceso lineal, y está bien que haya días buenos y otros no tanto. Lo importante es permitirte sentir y no presionarte para "estar bien" de inmediato.

Aprender de la Experiencia

Una ruptura no es solo el final de una etapa, sino también una oportunidad de aprendizaje. Darse tiempo para sanar implica reflexionar sobre lo que funcionó y lo que no en la relación, y aprender de esas experiencias para crecer y evitar repetir patrones dañinos. Cuando te apresuras a comenzar una nueva relación, corres el riesgo de repetir los mismos errores porque no has tenido la oportunidad de reflexionar y aprender. El valor del tiempo para sanar radica en poder convertir el dolor en sabiduría.

Evita Llenar el Vacío con Otra Relación

Es común pensar que una nueva relación ayudará a superar la anterior, pero esto puede ser un parche temporal que no soluciona el problema de fondo. Las relaciones que comienzan para evitar el dolor o la soledad suelen ser poco saludables, ya que no parten desde un lugar de plenitud, sino de necesidad. En lugar de buscar a alguien más para llenar el vacío, enfócate en sanar y reconstruir tu vida desde la independencia emocional. Así, cuando estés listo para una nueva relación, podrás entrar en ella desde un lugar de bienestar, sin depender de la otra persona para sentirte completo.

Enfrenta el Dolor en Lugar de Evitarlo

Sentir el dolor de una ruptura no es fácil, pero es una parte esencial del proceso de sanación. El dolor es una señal de que algo importante ha cambiado, y enfrentarlo te permitirá superarlo con el tiempo. Evitar el dolor, ya sea buscando una nueva relación o distracciones constantes, puede parecer más sencillo al principio, pero a la larga, el dolor no procesado puede manifestarse de otras formas, como ansiedad, inseguridad o problemas en futuras relaciones. Permitirte sentir el dolor, llorar, hablar y buscar apoyo emocional es lo que eventualmente te ayudará a sanar.

Reencuéntrate con Tus Intereses y Pasiones

El tiempo después de una ruptura también es una oportunidad para reconectar con lo que te hace feliz. Dedica este tiempo a explorar tus intereses, redescubrir pasiones que quizá habías dejado de lado y cuidar de tu bienestar físico y mental. Practicar un hobby, hacer ejercicio, viajar, leer, o simplemente pasar tiempo con seres queridos te ayudará a redescubrir quién eres fuera de la relación y a recuperar el sentido de plenitud en tu vida.

Establece una Base Emocional Sólida para el Futuro

Darse tiempo para sanar no solo tiene un impacto positivo en el presente, sino también en el futuro. Al sanar de manera consciente, estás construyendo una base emocional más sólida para futuras relaciones. Estarás más preparado para establecer límites saludables, comunicarte de manera efectiva y reconocer lo que realmente deseas y necesitas en una pareja. Una nueva relación debe ser una suma, no una cura para las heridas del pasado.

CONSIDERACIONES FINALES

Sanar después de una ruptura es un proceso que requiere tiempo, paciencia y mucho amor propio. No hay atajos ni fórmulas mágicas para evitar el dolor, pero darte el tiempo necesario es la mejor manera de asegurarte de que el dolor eventualmente se transforme en crecimiento. Al cuidar de ti mismo y evitar apresurarte a llenar el vacío con una nueva relación, estarás construyendo un futuro más saludable y lleno de posibilidades.

IMPORTANCIA DE DEJAR IR: SOLTAR PARA PODER AVANZAR

DEJAR IR A UNA PERSONA que una vez amamos es uno de los procesos más desafiantes pero importantes que podemos enfrentar. No se trata solo de aceptar el final de una relación, sino de aprender a convivir con los recuerdos sin permitir que nos lastimen. A continuación, reflexionamos sobre por qué dejar ir es crucial para el crecimiento personal y el bienestar emocional.

Aceptar es el Primer Paso

Aceptar que la relación ha terminado es clave para comenzar el proceso de sanación. Es normal sentir resistencia; después de todo, a nadie le gusta perder algo que alguna vez le hizo feliz. Pero aceptar la realidad es un signo de fortaleza emocional y madurez. Nos permite enfrentar el presente con honestidad y abrir la puerta a nuevas oportunidades.

Los Recuerdos No Tienen por Qué Ser Dolorosos

Los recuerdos de una relación a veces pueden sentirse como dagas en el corazón, especialmente justo después de una ruptura. Sin embargo, es posible cambiar la forma en que nos relacionamos con estos recuerdos. En lugar de dejar que nos causen dolor, podemos verlos como parte de nuestra historia, experiencias valiosas que nos ayudaron a ser quienes somos hoy. Con el tiempo, esos recuerdos pueden convertirse en un recordatorio de amor y crecimiento, en lugar de una pérdida.

Dejar Ir No Significa Olvidar

Dejar ir a menudo se malinterpreta como olvidar. Pero no significa borrar a alguien de nuestra vida, sino liberar el apego emocional y las expectativas que nos mantienen atados al pasado. Podemos honrar lo que tuvimos sin sentir la obligación de aferrarnos a ello para siempre. Este proceso nos libera del resentimiento y nos permite avanzar con mayor paz.

El Poder del Amor Propio

Cuando dejamos ir, también estamos haciendo espacio para reconectar con nosotros mismos. El amor propio se convierte en nuestra ancla, recordándonos nuestro valor y ayudándonos a sanar. Cuidar de nuestras necesidades emocionales y físicas se convierte en la prioridad, dándonos la fuerza para abrazar el futuro con confianza.

Crear Nuevos Caminos

Dejar ir nos permite crear nuevos caminos y abrir nuestro corazón a nuevas posibilidades. Se trata de cambiar el enfoque de lo que hemos perdido a lo que podemos ganar. Al soltar el pasado, damos espacio a nuevas relaciones, experiencias y oportunidades que se alineen mejor con quienes somos ahora y quienes queremos ser.

CONSIDERACIONES FINALES

Dejar ir es un acto valiente de autocuidado. Significa elegir vivir sin el peso de lo que ya no nos sirve y permitirnos sanar, crecer y transformarnos. Aprender a convivir con los recuerdos sin dejar que nos causen dolor es un paso importante hacia la libertad emocional y la felicidad futura.

CUIDADO PERSONAL DESPUÉS DE LA RUPTURA: RECOMENDACIONES PARA SANAR MENTE Y CUERPO

UNA RUPTURA AMOROSA puede ser uno de los momentos más difíciles de la vida, y el impacto emocional puede sentirse en todos los aspectos de tu bienestar. Sin embargo, es precisamente en estos momentos cuando más necesitas cuidar de ti. Aquí te comparto algunas sugerencias para cuidar tu salud física y mental tras una separación, ayudándote a sanar y redescubrir tu fuerza interior.

Ejercicio: Activa Tu Cuerpo y Libera Tensión

El ejercicio es una herramienta poderosa para lidiar con el estrés y la tristeza. Cuando te mueves, tu cuerpo libera endorfinas, conocidas como las "hormonas de la felicidad", que ayudan a mejorar tu estado de ánimo. Ya sea salir a correr, bailar, practicar yoga o dar caminatas al aire libre, la actividad física te ayudará a liberar tensión y a sentirte mejor contigo mismo. Además, el ejercicio te permite desconectar de los pensamientos negativos y enfocarte en algo positivo para tu salud.

Meditación y Mindfulness: Encuentra Paz en el Presente

Una ruptura puede generar una montaña rusa de pensamientos y emociones que pueden ser abrumadores. La meditación y el mindfulness (atención plena) te pueden ayudar a reducir la ansiedad y encontrar un poco de calma en medio del caos. Dedica unos minutos cada día a practicar la meditación, enfocándote en tu respiración y observando tus pensamientos sin juzgarlos. Esto te ayudará a procesar tus emociones y a reducir el estrés, conectándote más con el presente y menos con las preocupaciones del pasado o del futuro.

Alimentación Saludable: Nutre Tu Cuerpo para Sentirte Mejor

Durante una ruptura, es común perder el apetito o buscar consuelo en alimentos poco saludables. Sin embargo, una buena alimentación juega un papel crucial en tu bienestar emocional. Intenta mantener una dieta equilibrada, rica en frutas, verduras, proteínas magras y grasas saludables. Alimentos como los frutos secos, el aguacate y el pescado son ricos en omega-3 y ayudan a mejorar el estado de ánimo. Recuerda que nutrir tu cuerpo también es una forma de nutrir tu mente y mantener tu energía en niveles óptimos.

Descanso Adecuado: La Importancia de Dormir Bien

El descanso adecuado es esencial para tu recuperación emocional. Durante una ruptura, es común que la tristeza y la ansiedad afecten la calidad de tu sueño, pero hacer un esfuerzo por mantener una rutina de sueño saludable puede marcar una gran diferencia. Intenta dormir al menos 7-8 horas cada noche y establece una rutina relajante antes de acostarte, como leer un libro, escuchar música suave o practicar técnicas de relajación. Dormir bien te ayudará a tener más claridad mental y a lidiar mejor con tus emociones.

Expresa Tus Emociones: No Te Guardes Todo Dentro

Es importante dar espacio a tus emociones y permitirte sentir sin juzgarte. Hablar con amigos, escribir un diario o buscar apoyo profesional puede ser de gran ayuda para liberar tus sentimientos. El duelo tras una ruptura es completamente normal, y hablar de lo que sientes te ayudará a procesar la situación de una manera más saludable. No tengas miedo de pedir ayuda si sientes que la necesitas; el apoyo emocional de otros es clave en este proceso.

Dedica Tiempo a Tus Pasiones y Nuevos Proyectos

Después de una ruptura, es un buen momento para reconectar con tus pasiones o explorar nuevas actividades. Dedicarte a un hobby que disfrutes, como la pintura, la cocina, la lectura o aprender algo nuevo, te ayudará a sentirte más productivo y a disfrutar de tiempo de calidad contigo mismo. También puedes establecer pequeños objetivos personales que te motiven a avanzar, ya que esto te ayudará a enfocarte en lo positivo y a dejar atrás los pensamientos negativos.

Rodéate de Personas Positivas

El apoyo social es fundamental durante el proceso de sanación. Rodéate de amigos y familiares que te brinden energía positiva y te hagan sentir bien. Compartir tiempo con personas que te aprecian te ayudará a recordar que no estás solo y que cuentas con una red de apoyo. Planifica actividades con amigos que te hagan reír y disfrutar del presente. La conexión con los demás es una fuente poderosa de consuelo y alegría en momentos difíciles.

Establece Nuevas Rutinas: Crea una Sensación de Estabilidad

Una ruptura amorosa puede hacerte sentir que tu vida ha perdido estabilidad. Crear nuevas rutinas diarias puede ayudarte a sentirte más en control y a encontrar una sensación de seguridad. Establece horarios para tus comidas, ejercicio, tiempo de relajación y sueño. Estas nuevas rutinas te ayudarán a centrarte en ti mismo y a construir un ambiente saludable en el que puedas sanar.

CONSIDERACIONES FINALES

Después de una ruptura, cuidar de tu salud física y mental es una prioridad. A través del ejercicio, la meditación, una alimentación saludable y rodeándote de apoyo positivo, puedes comenzar a sanar y redescubrir tu fortaleza. Recuerda que el proceso lleva tiempo y que cada pequeño paso cuenta. Permítete sentir, sanar y crecer, y ten la certeza de que estás en el camino correcto hacia una versión más fuerte y feliz de ti mismo.

CUIDADO EMOCIONAL: ESTRATEGIAS PRÁCTICAS PARA SANAR TRAS UNA RUPTURA

SANAR DESPUÉS DE UNA ruptura amorosa no solo implica cuidar nuestro cuerpo, sino también nuestras emociones. Aunque es común enfocarnos en el cuidado físico, como descansar bien y alimentarnos correctamente, también es esencial prestar atención a nuestro bienestar emocional.

¿Por qué es importante el cuidado emocional?

Cuando atravesamos un proceso de duelo amoroso, nuestras emociones pueden ser intensas y abrumadoras. Sentimos tristeza, ansiedad, enojo, confusión... y todas estas emociones son válidas. El cuidado emocional implica atender estas emociones, aceptar que están ahí y permitirnos procesarlas de forma saludable. Al prestar atención a nuestro bienestar emocional, estamos dando pasos fundamentales hacia la sanación.

Estrategias para el cuidado emocional

Aquí te dejo algunas estrategias específicas que pueden ayudarte a cuidar de ti mismo emocionalmente y facilitar el proceso de sanación:

Técnicas de respiración

La respiración profunda es una de las formas más efectivas para calmar el sistema nervioso. Cuando sientas que la ansiedad o el dolor son demasiado intensos, intenta la siguiente técnica:

– Inhala profundamente por la nariz contando hasta 4.
– Mantén el aire en tus pulmones contando hasta 4.
– Exhala lentamente por la boca contando hasta 6.
– Repite el ciclo varias veces hasta que sientas que tu cuerpo se relaja.

Esta técnica ayuda a reducir el estrés, aliviar la ansiedad y traer calma al presente.

Meditación

La meditación puede ser una gran aliada para navegar el dolor. No necesitas ser un experto para beneficiarte de ella. Solo encuentra un lugar tranquilo, siéntate cómodamente y enfoca tu atención en tu respiración. Al principio, tu mente puede divagar, y eso está bien. Con el tiempo, aprenderás a observar tus pensamientos sin juzgarlos y a permitir que se vayan.

Practicar la atención plena (mindfulness) puede ayudarte a aceptar tus emociones sin sentirte abrumado por ellas y te dará una mayor sensación de control sobre tu mente y cuerpo.

Escritura Terapéutica

Escribir sobre lo que sientes puede ser una herramienta poderosa para procesar el dolor. Puedes comenzar cada día anotando tus pensamientos, lo que sientes o simplemente lo que te pasó durante el día. Escribir es una forma de sacar afuera lo que llevas dentro, de liberar emociones y de entender mejor lo que estás viviendo.

Aquí algunas ideas para empezar:

– Escribe una carta que nunca enviarás a la persona de la que te has separado.

– Anota tres cosas por las que estés agradecido cada día (sí, incluso en medio del dolor siempre hay algo que agradecer).

– Lleva un diario donde te permitas ser honesto contigo mismo sin restricciones.

Visualizaciones positivas

Visualiza un lugar que te traiga paz, un espacio donde te sientas seguro. Puede ser un paisaje real o imaginario. Cierra los ojos y trata de recrear ese lugar en tu mente: los colores, los sonidos, el clima. Esta práctica puede ayudarte a encontrar un refugio interno cuando el dolor se torna abrumador.

Cómo estas herramientas pueden ayudarte a sanar

El cuidado emocional no se trata de evitar el dolor, sino de enfrentarlo con amor y paciencia. Al incorporar técnicas de respiración, meditación, escritura y visualización en tu rutina, te estarás dando el espacio y las herramientas necesarias para procesar tus emociones de una manera que te permita crecer y seguir adelante.

A medida que sanas, recuerda que no estás solo en este proceso. Todos enfrentamos el dolor de diferentes maneras, y cuidar de ti mismo emocionalmente es un acto de valentía y amor propio.

CONSIDERACIONES FINALES

Cuidar de nuestro bienestar emocional después de una ruptura no es un lujo, es una necesidad. La sanación comienza desde adentro, y cada paso que tomes para atender tus emociones es un paso hacia la reconstrucción de tu paz interior. Respira, medita, escribe y sigue adelante. Cada herramienta que utilices es una muestra del amor que te tienes a ti mismo.

PAPEL DE FAMILIARES Y AMIGOS EN LA SUPERACIÓN DE UNA RUPTURA AMOROSA: CÓMO APOYARTE EN TUS SERES QUERIDOS

UNA RUPTURA AMOROSA puede ser una de las experiencias más difíciles de enfrentar. El dolor, la tristeza y la incertidumbre pueden sentirse abrumadores, pero no tienes que atravesar este proceso solo. Los amigos y seres queridos juegan un papel fundamental en la superación de una ruptura, y saber cómo apoyarte en ellos y cómo pedir el tipo de ayuda que necesitas puede marcar una gran diferencia en tu proceso de sanación. A continuación, exploraremos cómo los amigos pueden ayudarte a superar una ruptura y cómo comunicar tus necesidades de manera clara.

Valor del Apoyo Social

Cuando pasamos por una ruptura, el apoyo social se convierte en una de las herramientas más poderosas para sanar. Los amigos y seres queridos nos ofrecen compañía, consuelo y una perspectiva distinta que nos ayuda a sentirnos menos solos/as y a ver la situación desde otros puntos de vista. Sentir que alguien está a nuestro lado, dispuesto a escuchar sin juzgar, nos ayuda a procesar el dolor y a recordar que no estamos solos/as en nuestra experiencia.

El apoyo social no solo es emocionalmente valioso, sino que también tiene efectos positivos en nuestra salud mental y física. Estudios han demostrado que las personas con un buen sistema de apoyo social tienden a recuperarse más rápido de eventos estresantes y son menos propensas a desarrollar síntomas de ansiedad y depresión. La sensación de pertenencia y el apoyo emocional actúan como un amortiguador frente al dolor, y los amigos pueden ser un pilar fundamental en esos momentos difíciles.

Diferentes Formas en las que los Amigos Pueden Ayudarte

No todos los amigos ofrecen el mismo tipo de apoyo, y es importante entender que cada uno tiene su forma de ayudarte. Algunas maneras en las que tus amigos pueden ser de ayuda incluyen:

– **Escuchar sin Juzgar:** Tener a alguien que te escuche mientras expresas tus pensamientos y emociones es invaluable. A veces, solo necesitas desahogarte y contar cómo te sientes sin recibir consejos, y los amigos que saben escuchar pueden brindarte ese espacio seguro.

– **Distraerte del Dolor:** Otros amigos pueden ofrecerte distracciones. Planificar una salida, ir al cine, practicar un deporte juntos o simplemente pasar una tarde divertida es una excelente manera de desconectar de la tristeza y enfocarte en algo positivo. La distracción también es útil para evitar que te obsesiones con pensamientos negativos o para aliviar la soledad.

– **Ofrecer una Perspectiva Objetiva:** A veces, necesitamos que alguien nos ayude a ver las cosas desde una perspectiva más objetiva. Los amigos pueden ser esa voz que nos recuerda que, aunque ahora el dolor sea intenso, no será para siempre, y nos pueden ayudar a entender que la ruptura era lo mejor para nosotros. Tener una perspectiva externa puede ser clave para encontrar claridad y comenzar a aceptar la situación.

– **Apoyo Práctico:** Algunos amigos también pueden ayudarte con cosas prácticas. Ya sea acompañándote a hacer compras, ayudándote a mudarte o simplemente estando ahí para esas tareas cotidianas que parecen más difíciles cuando estás atravesando el duelo, su apoyo práctico es fundamental. Estos actos de bondad te recuerdan que tienes personas en las que puedes confiar y que están dispuestas a ayudarte en momentos difíciles.

– **Validación Emocional:** La validación es esencial para procesar las emociones de una ruptura. Los amigos que te validan te permiten sentir tus emociones sin minimizarlas o juzgarlas. Te recuerdan que está bien sentir tristeza, enojo o incluso alivio. Saber que lo que sientes es normal y que no estás solo en tus emociones te da la fortaleza para seguir adelante.

Cómo Pedir el Apoyo que Necesitas

A veces, nuestros amigos quieren ayudarnos, pero no saben exactamente cómo. Por eso, es importante comunicarles claramente qué tipo de apoyo necesitas. Aquí algunos consejos sobre cómo pedir ayuda de manera efectiva:

– **Sé Claro con Tus Necesidades:** No tengas miedo de decirles a tus amigos qué es lo que necesitas. Si solo quieres que alguien te escuche sin dar consejos, díselo. Si necesitas salir y distraerte, comunícalo también. Ser claro con tus necesidades facilitará que tus amigos puedan ayudarte de la mejor manera. Es importante ser específico, ya que esto permite que tus amigos sepan cómo actuar y cómo responder de una manera que realmente te ayude.

– **Establece Límites:** En algunos momentos, puede que quieras estar solo, y eso está bien. Comunica esos límites a tus amigos de manera amable para que sepan cuándo necesitan darte espacio y cuándo estás dispuesto a recibir su compañía. A veces, necesitas un tiempo de soledad para procesar lo que estás sintiendo, y tus amigos deben entender y respetar esos momentos. Establecer límites claros y saludables ayudará a que el apoyo sea efectivo sin sentirte abrumado.

– **Aprecia Su Apoyo:** Mostrar gratitud hacia tus amigos por su apoyo es importante. Agradecerles por estar ahí para ti no solo fortalecerá su relación, sino que también les hará sentir que están ayudándote de verdad. Un simple "gracias por escucharme" puede tener un gran impacto. La gratitud también contribuye a un entorno positivo y fortalece el vínculo de amistad.

Rodéate de Personas Positivas

Es crucial rodearte de personas que te brinden energía positiva durante este proceso. A veces, algunos amigos bienintencionados pueden hacer comentarios que no son útiles o que pueden hacerte sentir peor. En esos casos, es mejor priorizar el tiempo con aquellos amigos que realmente te aportan calma, alegría y apoyo incondicional.

Las personas positivas no solo te ayudarán a sentirte mejor, sino que también te motivarán a realizar actividades que fomenten tu bienestar, como salir a caminar, probar un nuevo pasatiempo o simplemente tener conversaciones que te hagan reír. Rodéate de aquellos que te ayudan a ver lo mejor de ti y que te recuerdan lo valioso que eres, incluso si la relación terminó.

Importancia de No Aislarte

Una de las reacciones comunes tras una ruptura es querer aislarse y evitar a los demás. Si bien es natural querer tomarse un tiempo para procesar las emociones, el aislamiento prolongado puede hacer más difícil la superación. Los amigos y seres queridos pueden ser un faro de luz en esos momentos de oscuridad, ayudándote a mantenerte conectado con el mundo y recordándote que la vida sigue adelante.

Participar en actividades sociales, aunque no siempre te sientas completamente listo, puede ayudarte a sentirte mejor. No tienes que hacer grandes planes; incluso actividades simples como tomar un café con un amigo o dar un paseo por el parque pueden marcar una gran diferencia en tu estado de ánimo. La conexión con los demás es una de las formas más efectivas de combatir la tristeza y sentir que aún formas parte del mundo que te rodea.

Importancia del Autocuidado Colectivo

Tus amigos también pueden ser un gran apoyo para fomentar el autocuidado. Practicar actividades de autocuidado junto a tus amigos, como hacer ejercicio, cocinar una comida saludable o asistir a una clase de yoga, puede ser una excelente manera de fortalecer tu bienestar físico y mental durante el proceso de duelo. El autocuidado colectivo no solo te mantiene enfocado en ti mismo, sino que también crea momentos de conexión positiva con tus amigos, reforzando la importancia del apoyo mutuo.

Además, participar en actividades que te hagan sentir bien acompañado te recuerda que no tienes que enfrentar el proceso de superación solo. Puedes apoyarte en tu grupo de amigos para compartir experiencias de autocuidado y crear una rutina que te ayude a sobrellevar el dolor de la ruptura.

CONSIDERACIONES FINALES

Superar una ruptura es un proceso que puede ser largo y doloroso, pero no tienes que hacerlo solo. Apoyarte en tus amigos y seres queridos te ayudará a sentirte comprendido, acompañado y respaldado en esos momentos difíciles. Comunicar claramente tus necesidades, rodearte de personas positivas y permitirte ser vulnerable frente a aquellos que te quieren es esencial para sanar. Recuerda que el apoyo de los demás no solo te ayudará a superar la ruptura, sino que también te recordará lo valioso que eres y cuántas personas están a tu lado.

REDESCUBRIÉNDOTE A TI MISMO TRAS UNA RUPTURA: UNA OPORTUNIDAD PARA RECONECTAR CON TUS PASIONES

UNA RUPTURA AMOROSA puede ser dolorosa y difícil, pero también puede convertirse en una oportunidad para mirar hacia adentro y redescubrir quién eres. En medio del dolor, podemos olvidar que cada pérdida también trae consigo la posibilidad de una nueva conexión con uno mismo. A continuación, te muestro cómo la ruptura puede ser el comienzo de un viaje hacia tu propio redescubrimiento y cómo puedes aprovechar este momento para reconectar con tus pasiones e intereses.

Haz una Pausa para Reflexionar

Una ruptura nos deja tiempo y espacio para reflexionar sobre lo que queremos en la vida, lo que nos hace felices y lo que necesitamos cambiar. Este es un buen momento para hacer una pausa, respirar y mirar hacia adentro. Pregúntate: ¿Qué actividades o intereses solías tener antes de la relación? ¿Qué cosas dejaste de lado y te gustaría retomar? Esta reflexión es un primer paso esencial para redescubrir lo que te apasiona y para reconectar contigo mismo.

Recupera Tus Hobbies y Actividades Favoritas

Durante una relación, a veces dejamos de lado nuestros hobbies y pasatiempos para acomodarnos a las necesidades y preferencias de nuestra pareja. Ahora es el momento de recuperarlos. Ya sea pintar, cocinar, leer, practicar un deporte o aprender algo nuevo, dedicar tiempo a esos hobbies es una excelente manera de reconectar con lo que te hace feliz. No solo te ayudará a distraerte y a sentirte mejor, sino que también te recordará las cosas que siempre te han apasionado y te harán sentir pleno.

Descubre Nuevas Pasiones

No solo se trata de retomar actividades del pasado; una ruptura también es una oportunidad para explorar cosas nuevas. Aprovecha este momento para experimentar, para probar actividades que siempre quisiste hacer y nunca tuviste el tiempo o la motivación. Podrías aprender a tocar un instrumento, hacer senderismo, apuntarte a clases de cocina o incluso practicar yoga o meditación. Explorar nuevas pasiones no solo te permitirá mantener la mente ocupada, sino que también te ayudará a crecer y a descubrir nuevas formas de disfrutar la vida.

Reconecta con Amigos y Familiares

Las relaciones amorosas pueden consumir mucho de nuestro tiempo y energía, lo cual es natural, pero a veces dejamos de lado otras relaciones importantes. Ahora es el momento de reconectar con tus amigos y familiares, de pasar tiempo con ellos y fortalecer esos lazos que siempre han sido parte de tu vida. Rodéate de personas que te hagan sentir bien, que te apoyen y que te ayuden a recordar quién eres fuera de la relación. El apoyo de tus seres queridos es una parte importante del proceso de redescubrimiento.

Dedica Tiempo al Autocuidado

El autocuidado es esencial en el proceso de redescubrimiento. Tómate el tiempo para cuidar de ti mismo, tanto física como emocionalmente. Podrías crear una rutina de ejercicio que disfrutes, cocinar comidas saludables, practicar meditación para calmar tu mente o dedicarte un baño relajante después de un día largo. El autocuidado no solo te ayuda a sanar, sino que también te recuerda lo importante que eres y que mereces tu propio amor y atención.

Establece Nuevas Metas Personales

Una ruptura también puede ser una oportunidad para replantearte tus metas y objetivos. Reflexiona sobre lo que quieres lograr a partir de ahora. Puede ser un buen momento para enfocarte en tu carrera, en tu salud o en algún proyecto personal que siempre quisiste comenzar. Establecer nuevas metas y trabajar en alcanzarlas te dará un propósito y te ayudará a centrarte en ti mismo, en tu crecimiento y en tus logros personales. Es una excelente forma de transformar el dolor en motivación.

Aprende a Disfrutar de Tu Propia Compañía

Estar solo no tiene que ser sinónimo de soledad. De hecho, aprender a disfrutar de tu propia compañía es una de las mejores formas de crecer y redescubrirte tras una ruptura. Aprovecha el tiempo para hacer actividades que disfrutes por ti mismo: un paseo al aire libre, una tarde viendo tus películas favoritas o simplemente un momento de reflexión y tranquilidad. Encontrar satisfacción en estar contigo mismo es una señal de crecimiento y fortaleza personal.

CONSIDERACIONES FINALES

Una ruptura amorosa puede ser dolorosa, pero también puede ser el comienzo de un hermoso viaje hacia el redescubrimiento de quién eres y qué te apasiona. No tengas miedo de explorar, de volver a conectar con lo que siempre te ha hecho feliz y de abrirte a nuevas posibilidades. Recuerda que cada final es también un nuevo comienzo, y este puede ser tu momento para florecer y ser la mejor versión de ti mismo.

RUPTURA AMOROSA Y AUTOCONFIANZA: CÓMO RECONSTRUIR TU AUTOESTIMA

LAS RUPTURAS AMOROSAS no solo rompen vínculos afectivos, sino que también pueden dejar heridas profundas en nuestra autoconfianza. Es normal sentir que nuestra autoestima tambalea después de una separación, ya que los pensamientos negativos y las dudas sobre uno mismo pueden apoderarse de nuestra mente. Sin embargo, este también puede ser un momento clave para reconstruirte, reencontrarte y fortalecer tu seguridad en ti mismo. A continuación, te comparto algunas estrategias para recuperar tu autoestima y salir más fuerte de este proceso.

Entiende que el Fin de una Relación No Define tu Valor

Una ruptura amorosa puede hacer que sientas que no eres suficiente o que algo está mal en ti. Es importante recordar que el final de una relación no define tu valor como persona. Las relaciones terminan por una gran variedad de razones, y muchas veces esas razones no tienen nada que ver con tu valía personal. Aprende a diferenciar el valor de la relación del valor que tienes como individuo. Tú eres mucho más que una relación que no funcionó.

Acepta tus Emociones sin Juzgarte

Es común experimentar una montaña rusa de emociones tras una ruptura: tristeza, enojo, alivio, nostalgia. Todas estas emociones son válidas y necesarias para procesar la separación. Acepta lo que sientes sin juzgarte. Llorar, sentirte frustrado o incluso tener días en los que no te sientas bien es parte del proceso. Permítete vivir estas emociones, ya que su aceptación es el primer paso para empezar a sanar y a recuperar la confianza en ti mismo.

Reconecta con lo que Te Hace Feliz

Después de una ruptura, es un buen momento para reconectar con tus pasiones e intereses personales. A veces, en una relación, dejamos de lado ciertas actividades que nos hacían felices. Recuperar esos hobbies o explorar nuevos intereses te ayudará a recordar lo que te hace único y valioso. Ya sea pintar, bailar, practicar un deporte o aprender algo nuevo, dedicarte tiempo a ti mismo es una excelente forma de fortalecer tu autoestima.

Habla Contigo Mismo con Amabilidad

Tras una ruptura, es fácil caer en el hábito de la autocrítica y el diálogo interno negativo: "No fui suficiente", "Siempre fracaso en mis relaciones". Estos pensamientos minan tu confianza. Cambia ese diálogo interno y habla contigo mismo como lo harías con un buen amigo. Sé amable y compasivo. Recuérdate tus cualidades, tus logros y lo que te hace una buena persona. Hablarte con amabilidad es clave para reconstruir tu seguridad en ti mismo.

Establece Objetivos Pequeños y Realistas

La autoconfianza se fortalece cuando cumplimos nuestras propias promesas y objetivos. Después de una ruptura, establece metas pequeñas y realistas que puedas alcanzar, como hacer ejercicio tres veces a la semana, aprender algo nuevo o meditar cada día. Cada vez que logres una de estas metas, sentirás que puedes confiar en ti mismo y en tu capacidad para seguir adelante. Estos pequeños logros te ayudarán a recuperar la sensación de control y a recordar tu capacidad de superar desafíos.

Rodéate de Personas que Te Apoyen

El apoyo social es esencial durante el proceso de sanación y recuperación de la confianza en uno mismo. Busca amigos y familiares que te escuchen, te apoyen y te animen a ver lo valioso que eres. Rodéate de personas que te hagan sentir bien y evita a aquellos que te critican o te hacen sentir menos. Sentir el amor y el apoyo de quienes te rodean es fundamental para reconstruir tu autoconfianza.

Deja Ir la Comparación

Es fácil caer en la trampa de compararse con los demás, especialmente cuando estás lidiando con el dolor de una ruptura. Puedes pensar que otras personas parecen estar en relaciones perfectas o que tu ex ya está superando la ruptura antes que tú. Sin embargo, la comparación solo disminuye tu autoestima. Enfócate en tu propio camino y recuerda que cada persona tiene su propio proceso y ritmo. Valora tu progreso, aunque sea pequeño, y evita compararte con los demás.

Reconoce tu Valor Independientemente de una Relación

Tu valor no depende de estar en una relación. Eres una persona completa y valiosa por ti mismo, independientemente de si estás en pareja o no. A veces, creemos que nuestra autoestima está vinculada a tener una pareja, pero es importante reconocer que el amor propio es el amor más importante que puedes cultivar. Reconoce tus cualidades, celebra tus logros y encuentra satisfacción en ser quien eres.

CONSIDERACIONES FINALES

Una ruptura amorosa puede tambalear nuestra autoconfianza, pero también puede ser una oportunidad para reconstruirnos y fortalecernos. Recuerda que este es un proceso que lleva tiempo y que es normal sentir altibajos en el camino. Con paciencia, amabilidad y el cuidado adecuado, puedes recuperar y fortalecer tu autoconfianza, redescubriendo lo valioso que eres.

RELACIÓN ENTRE EL DUELO AMOROSO Y EL CRECIMIENTO PERSONAL: CONVIRTIENDO EL DOLOR EN UN MOTOR DE CAMBIO

UNA RUPTURA AMOROSA puede ser una de las experiencias más dolorosas de la vida, pero también puede ser una de las oportunidades más transformadoras. Cuando atravesamos el duelo amoroso, es fácil sentirnos perdidos y vulnerables, pero este proceso también nos brinda una gran oportunidad para crecer y mejorar aspectos de nosotros mismos. A continuación, exploraremos cómo las rupturas pueden convertirse en un catalizador para el crecimiento personal y cómo aprovechar ese momento para redescubrirte y fortalecer tu vida.

Conectar con Tus Emociones y Conocerte Mejor

El duelo amoroso implica un torbellino de emociones: tristeza, enojo, soledad, nostalgia, entre otras. Aunque estas emociones pueden parecer abrumadoras, también representan una oportunidad para conectar contigo mismo de una manera profunda y sincera. Permitir que tus emociones se expresen sin juzgarte te ayudará a conocerte mejor, entender tus necesidades y descubrir aspectos de ti que antes no habías explorado. Este proceso te dará una comprensión más profunda de quién eres y de lo que realmente quieres en tu vida.

Redescubrir Tu Independencia

Cuando estamos en una relación, es normal que algunas partes de nuestra vida se fusionen con la de nuestra pareja. Después de una ruptura, tienes la oportunidad de redescubrir tu independencia y recordar lo que te hace único. Puedes aprovechar para retomar actividades que solías disfrutar, dedicar tiempo a tus pasatiempos favoritos y redescubrir qué es lo que te apasiona. La ruptura se convierte en una oportunidad para explorar quién eres fuera de la relación y para fortalecer tu sentido de identidad.

Aprender de los Errores del Pasado

Toda relación, independientemente de cómo haya terminado, tiene lecciones valiosas que ofrecer. Reflexionar sobre lo que funcionó y lo que no funcionó en tu relación pasada puede ayudarte a aprender de tus errores y a crecer. ¿Qué podrías haber hecho diferente? ¿Qué aspectos te gustaría mejorar en futuras relaciones? Aprovechar este momento para aprender sobre ti mismo y sobre cómo te relacionas con los demás es una excelente manera de crecer y prepararte para tener relaciones más saludables y satisfactorias en el futuro.

Fortalecer tu Resiliencia

Atravesar una ruptura puede hacerte sentir que el mundo se derrumba, pero también es una oportunidad para fortalecer tu resiliencia. El dolor emocional es una de las pruebas más difíciles de superar, pero cada día que te levantas y sigues adelante, estás desarrollando tu capacidad para enfrentar la adversidad. Esta experiencia te hará más fuerte, más capaz de manejar futuras dificultades y más seguro de ti mismo. La resiliencia es una cualidad que se desarrolla a través de los desafíos, y el duelo amoroso es uno de esos momentos que, aunque dolorosos, pueden hacerte más fuerte.

Cultivar el Amor Propio

El duelo amoroso también puede ser una gran oportunidad para trabajar en el amor propio. A veces, en una relación, olvidamos cuidar de nosotros mismos porque ponemos a la otra persona primero. Aprovecha este momento para priorizarte, cuidarte y aprender a amarte tal como eres. El amor propio es la base para cualquier relación sana, y cuanto más fuerte sea tu amor por ti mismo, más preparado estarás para futuras relaciones. Dedica tiempo a hacer cosas que disfrutes, a cuidar de tu cuerpo y a rodearte de personas que te valoren.

Desarrollar Nuevas Habilidades y Metas

Después de una ruptura, puedes sentir que hay un vacío en tu vida, pero ese vacío también puede llenarse con nuevas metas y proyectos personales. Este es un buen momento para aprender algo nuevo, ya sea un idioma, una habilidad artística o algo que siempre quisiste hacer, pero nunca encontraste el tiempo. Desarrollar nuevas habilidades y establecer nuevas metas te ayudará a mantenerte enfocado en algo positivo, a aumentar tu confianza y a crecer como persona. Además, te proporcionará una sensación de logro y satisfacción que es fundamental para el crecimiento personal.

Reconsiderar lo que Buscas en una Relación

El proceso de duelo también te brinda la oportunidad de reflexionar sobre lo que realmente quieres en una relación. Tal vez en el pasado te conformaste con menos de lo que mereces o no tenías claro qué cualidades valorabas en una pareja. Ahora, puedes tomarte el tiempo para definir cuáles son tus límites, cuáles son tus necesidades y qué tipo de relación quieres construir en el futuro. Esta reflexión te ayudará a tener una visión más clara y a buscar relaciones que realmente aporten a tu felicidad y crecimiento.

CONSIDERACIONES FINALES

El duelo amoroso puede ser devastador, pero también puede ser una gran oportunidad para crecer y mejorar como persona. No se trata de olvidar o de eliminar el dolor de inmediato, sino de aprender de la experiencia, conectarte contigo mismo y trabajar en ser una mejor versión de ti. Recuerda que cada desafío en la vida también puede ser una oportunidad para avanzar y que cada paso que das hacia tu sanación es un paso hacia un futuro más brillante y lleno de posibilidades.

RELACIÓN CON LOS EX: ¿ES POSIBLE LA AMISTAD?

DESPUÉS DE UNA RUPTURA, surge una pregunta común: "¿Podemos ser amigos?". La idea de mantener una relación de amistad con una ex pareja es algo que muchas personas consideran, ya sea porque todavía valoran a la otra persona, porque sienten que hay algo que merece ser preservado, o porque creen que la transición hacia una amistad podría hacer menos doloroso el proceso de separación. Sin embargo, la respuesta a esta pregunta no es simple, y depende de muchos factores personales y emocionales. En esta reflexión, exploraremos si realmente es conveniente o no mantener una relación de amistad con una ex pareja.

Depende de Cómo Terminó la Relación

El primer aspecto a considerar es cómo terminó la relación. Si la ruptura fue amistosa y ambos decidieron de mutuo acuerdo que lo mejor era separarse, puede ser más fácil pensar en una amistad. Sin embargo, si la relación terminó en medio de conflictos, engaños o resentimientos, la amistad podría no ser una opción saludable. En esos casos, es importante reflexionar si mantener el contacto ayudará a sanar o, por el contrario, seguirá reabriendo heridas.

Pregúntate por Qué Quieres Ser Amigo de tu Ex

Antes de decidir si quieres ser amigo de tu ex, pregúntate por qué deseas mantener la amistad. A veces, el deseo de seguir siendo amigos viene del miedo a soltar por completo, de la dependencia emocional o de la esperanza de que la relación se pueda restaurar en algún momento. Si la motivación para ser amigos está ligada a no poder aceptar el final de la relación, es probable que la amistad no sea saludable y termine causando más dolor. Es fundamental ser honesto contigo mismo acerca de tus intenciones.

Considera el Tiempo Necesario para Sanar

El tiempo es un factor crucial en la posibilidad de ser amigos con un/a ex. Después de una ruptura, es necesario un periodo para procesar la separación, sanar las heridas y reconectar contigo mismo. Intentar ser amigos inmediatamente después de la ruptura puede complicar el proceso de duelo y hacer que sea más difícil superar los sentimientos que aún puedan existir. Si después de un tiempo considerable ambos sienten que pueden ser amigos sin dolor ni expectativas no resueltas, entonces podría ser posible.

¿Es una Amistad que Realmente Aporta?

Una amistad debería ser algo que aporte valor y bienestar a tu vida. Pregúntate si la relación de amistad con tu ex realmente sería positiva, si te haría sentir bien y si te ayudaría a crecer. Si mantener la amistad implica sentimientos encontrados, celos, ansiedad o dolor, es posible que lo mejor sea tomar distancia. Una verdadera amistad debe basarse en el respeto, la paz y el apoyo mutuo, no en el sufrimiento o la incertidumbre constante.

Considera el Impacto en Nuevas Relaciones

Otro aspecto importante es cómo una amistad con tu ex puede afectar tus futuras relaciones. Algunas nuevas parejas pueden sentirse incómodas o inseguras si mantienes una relación cercana con una ex pareja. Es importante reflexionar sobre cómo esta amistad podría influir en tus relaciones futuras y si estarías dispuesto a enfrentar posibles complicaciones. Ser honesto y transparente con una futura pareja sobre esta amistad es clave para evitar malentendidos y problemas.

La Importancia de los Límites Claros

Si decides que quieres intentar una amistad con tu ex, es fundamental establecer límites claros. Estos límites ayudan a evitar confusiones y a proteger el bienestar emocional de ambos. Definir qué tipo de contacto es adecuado, qué temas de conversación se deberían evitar y cómo manejar situaciones delicadas es importante para que la amistad pueda ser verdaderamente saludable. Sin límites claros, es fácil caer en viejos patrones y reabrir heridas que deberían haberse cerrado.

Acepta que No Siempre es Posible

Finalmente, es importante aceptar que no siempre es posible ni conveniente ser amigos con una ex pareja. Algunas relaciones dejan heridas profundas, y el contacto continuo solo hace más difícil el proceso de superación. En otros casos, las diferencias son tan grandes que la amistad simplemente no es viable. Y está bien. No todas las personas están destinadas a permanecer en nuestras vidas para siempre, y aprender a soltar también es una parte fundamental del crecimiento personal y emocional.

CONSIDERACIONES FINALES

Ser amigo de una ex pareja es una cuestión que no tiene una respuesta universal. Cada situación es única, y la posibilidad de una amistad depende de cómo terminó la relación, de las intenciones de ambos, del tiempo para sanar y de si esa amistad realmente aporta algo positivo a sus vidas. Lo más importante es ser honesto contigo mismo y priorizar tu bienestar emocional. Si la amistad con un ex te aporta paz, respeto y alegría, entonces podría valer la pena intentarlo. Pero si solo trae confusión, ansiedad o dolor, es mejor seguir adelante.

RUPTURA Y REDES SOCIALES: CÓMO EVITAR DAÑOS ADICIONALES

TERMINAR UNA RELACIÓN es un proceso difícil y, en la era de las redes sociales, este desafío puede complicarse aún más. Hoy en día, decidir si mantener o romper el contacto en las plataformas digitales no solo influye en nuestra recuperación emocional, sino que puede convertir nuestras redes sociales en fuentes de sufrimiento o espacios de sanación. Aquí te doy algunas claves para cuidar tu bienestar emocional y evitar dañarte más en este proceso.

Evalúa el Contacto en Redes Sociales

Es normal sentir curiosidad por la vida de tu ex, pero seguir viéndolo en línea puede aumentar el dolor. Bloquear, dejar de seguir o limitar la visibilidad de sus publicaciones puede darte el espacio personal necesario para sanar.

Evita Publicaciones Emocionales o Impulsivas

Las redes sociales nos permiten expresarnos, pero en momentos de dolor, es mejor evitar publicar mensajes que puedan malinterpretarse o de los que te puedas arrepentir. Recuerda que compartir indirectas o pensamientos cargados de emociones solo empeora las cosas y dificulta tu recuperación. Piensa dos veces antes de publicar.

Controla la Tentación de "Stalkear"

Ver lo que tu ex hace puede dar una falsa sensación de conexión, pero solo obstaculiza tu proceso de sanación. Si sientes la tentación de ver su perfil o investigar sobre su vida actual, recuerda que esto te lastima y alimenta emociones negativas como el enojo o la tristeza. Protege tu paz emocional evitando estos comportamientos.

Establece una Rutina Offline

Pasar menos tiempo en redes te ayudará a enfocarte en ti y en tus intereses. Involúcrate en actividades que te brinden paz y satisfacción fuera del entorno digital. Disfrutar de una vida activa y momentos presentes te permitirá recargar energías y descubrir cosas que realmente te motivan.

Rodéate de Apoyo Positivo

Busca amistades y familiares que te inspiren y apoyen durante esta etapa. Usa tus redes para interactuar con contenido positivo y evita cualquier cosa que te recuerde la ruptura. Con el tiempo, notarás que la compañía de quienes te aprecian es clave para construir una base sólida en esta nueva fase.

Practica el "No Contacto Digital" si es Necesario

En algunas rupturas, el contacto continuo es contraproducente, ya que retrasa la sanación. Considera un periodo de "no contacto digital" para darte el espacio necesario. Esto no solo protege tus emociones, sino que te permite enfocarte en tu recuperación y crecimiento personal.

Haz de tu Perfil un Espacio Seguro y Positivo

Renueva tu perfil y llénalo de contenido que te inspire y haga sentir bien. Publica sobre tus logros, proyectos o actividades nuevas, no para aparentar, sino para que te sientas cómodo y fortalecido en tu espacio digital.

CONSIDERACIONES FINALES

Superar una ruptura en la era de las redes sociales tiene sus desafíos, pero con límites adecuados y un uso consciente de estas plataformas, puedes evitar mucho sufrimiento innecesario. Recuerda que cuidar tu paz es lo más importante y que cada paso que das para proteger tus emociones te lleva más cerca de la sanación.

SUGERENCIAS PARA SUPERAR UNA RUPTURA SIN PERDER LA DIGNIDAD: MANTÉN LA CALMA Y EL DECORO

SUPERAR UNA RUPTURA amorosa es un desafío que puede poner a prueba nuestra dignidad y autoestima. Sin embargo, es posible enfrentar este proceso con madurez y respeto, tanto hacia uno mismo como hacia la otra persona. Aquí te comparto algunas sugerencias para manejar la separación sin perder la dignidad.

Acepta tus emociones

Durante una ruptura, es natural sentir tristeza, enojo o miedo. Permítete sentir estas emociones sin juzgarte. Reconocerlas es el primer paso hacia la sanación.

Establece límites claros

Es fundamental definir límites saludables con la otra persona. Evita situaciones donde podrías sentirte vulnerable o ser manipulado, y asegúrate de que ambos respeten el espacio del otro. Esto te ayudará a proteger tu bienestar emocional y a evitar recaer en dinámicas que no te benefician.

Evita la autocrítica excesiva

No te castigues por lo que pudo haber salido mal. Reflexiona sobre la relación con el objetivo de aprender, no de culparte. Recuerda que todos cometemos errores y que el crecimiento personal viene de la autocompasión y el entendimiento.

Rodéate de apoyo positivo

Busca personas que te brinden apoyo emocional y te ayuden a enfocarte en el futuro. Hablar con amigos o familiares de confianza puede darte perspectiva y recordarte que no estás solo en este proceso.

Haz actividades que te fortalezcan

Dedica tiempo a actividades que te apasionen o que siempre quisiste hacer. Esto no solo distraerá tu mente, sino que también te ayudará a reencontrarte contigo mismo y a fortalecer tu sentido de propósito.

Respeta el proceso del otro

Superar una ruptura implica reconocer que la otra persona también necesita espacio y tiempo para sanar. Mantén la distancia cuando sea necesario y evita actos que puedan entorpecer el proceso de ambos.

Concéntrate en tu bienestar

Cuídate, mantén hábitos saludables y sigue construyendo la vida que deseas, sin dejar de lado tus sueños y metas.

CONSIDERACIONES FINALES

Superar una ruptura no significa olvidar de inmediato ni reprimir los sentimientos, sino más bien aprender a vivir con ellos de manera digna y madura, respetando tanto tus propios límites como los de la otra persona.

CÓMO MANTENER UNA ACTITUD POSITIVA DURANTE EL DUELO ROMÁNTICO: CLAVES PARA AFRONTAR LA RUPTURA CON OPTIMISMO

EL DUELO ROMÁNTICO es un proceso inevitable cuando una relación se termina. Es normal sentir tristeza, confusión y una sensación de pérdida. Sin embargo, mantener una actitud positiva durante este tiempo es clave para superarlo con resiliencia y volver a encontrar la paz interior. Aquí te compartimos algunas estrategias para mantener la esperanza y no hundirse en el negativismo durante esta etapa:

Acepta tus emociones sin juzgarlas

El primer paso para una actitud positiva es aceptar que es normal sentirse mal tras una ruptura. La tristeza, la ira o la nostalgia son parte del proceso de curación. Acepta estas emociones sin juzgarte y sin presionarte a sentirte mejor de inmediato. Cada sentimiento tiene un propósito y aprender a vivir con ellos te ayudará a sanar más rápido.

Redefine tu narrativa

Es fácil caer en pensamientos como "nunca volveré a ser feliz" o "nunca encontraré a alguien más". Redefine estas creencias negativas cambiándolas por afirmaciones más realistas y esperanzadoras, como "este dolor también pasará" o "esta es una oportunidad para crecer y conocerme mejor". La forma en que te hablas a ti mismo define cómo te sentirás a lo largo de este proceso.

Mantén una red de apoyo

Hablar con amigos, familiares o incluso un profesional puede hacer toda la diferencia. Rodéate de personas que te valoren, que escuchen sin juzgarte, y que te recuerden que mereces ser feliz. A veces, escuchar otras perspectivas nos ayuda a ver la situación desde un ángulo menos sombrío.

Practica la gratitud

Aun cuando parece que todo está mal, siempre hay pequeñas cosas por las cuales agradecer. Tomarte unos minutos cada día para reflexionar sobre lo bueno que tienes (como una buena amistad, salud o incluso un amanecer bonito) te ayudará a cambiar el enfoque hacia lo positivo. La gratitud no elimina el dolor, pero lo hace más llevadero y te recuerda que aún hay belleza en la vida.

Dedícate tiempo a ti mismo

Una relación puede hacer que dejemos de lado nuestros hobbies y metas personales. Aprovecha este momento para reconectar contigo mismo. Haz ejercicio, inicia un proyecto nuevo o regresa a ese hobby que tanto disfrutabas. Mantenerte ocupado en actividades que te hagan sentir bien no solo eleva tu estado ánimo, sino que también te ayuda a reencontrarte y a redescubrir lo que te apasiona.

Visualiza un futuro brillante

Durante el duelo es difícil imaginar un futuro sin dolor, pero intenta visualizar días mejores por venir. La vida tiene formas inesperadas de sorprendernos, y cada ruptura también es una oportunidad para el crecimiento personal. Visualiza momentos de felicidad, éxitos y nuevas conexiones, ya sea con otras personas o contigo mismo.

CONSIDERACIONES FINALES

Recuerda que cada proceso de duelo es único y que no hay una receta mágica para superarlo. Lo importante es cuidarte, ser paciente contigo mismo y no perder la esperanza. El dolor eventualmente se transformará en aprendizaje y crecimiento.

LO QUE NO DEBERÍA HACERSE TRAS UNA RUPTURA AMOROSA: ERRORES COMUNES A EVITAR

LAS RUPTURAS AMOROSAS son momentos difíciles y, en medio del dolor, podemos cometer errores que, sin darnos cuenta, complican aún más el proceso de sanación. Es importante conocer qué actitudes y comportamientos evitar para poder sanar de una manera saludable y dar el siguiente paso hacia el crecimiento personal. Aquí te comparto algunas cosas que deberías evitar hacer tras una ruptura.

No aceptar la pérdida y mantenerse esperanzado en la reconciliación

Ante la pérdida de una relación, puede haber una tendencia a no aceptar la separación y mantener la esperanza de restablecer la relación, incluso cuando todas las evidencias indican lo contrario. Esta actitud nos mantiene atrapados en el dolor y prolonga innecesariamente el sufrimiento. Es importante aceptar aquello que no puede ser cambiado y aprender a dejar ir.

Perder el respeto propio y suplicar por amor

A veces, el dolor nos lleva a perder el sentido del respeto propio y estar dispuestos a cualquier cosa por recuperar el amor perdido. Esta actitud no solo genera desprecio, sino que también afecta nuestra autoestima. Por respeto a ti mismo, evita rogar insistentemente o degradarte.

Buscar otra pareja inmediatamente

Después de una ruptura, puede ser tentador buscar una nueva pareja de inmediato, motivados por el miedo a la soledad o la necesidad de llenar el vacío dejado por la relación anterior. Sin embargo, es importante tomarse un tiempo para sanar emocionalmente y evitar tomar decisiones impulsivas que podrían complicar más el proceso de recuperación. Estar solo por un tiempo te permite reflexionar, recuperar tu estabilidad y comenzar una próxima relación desde una situación emocional más saludable.

Idealizar la relación

Es fácil caer en la trampa de idealizar la relación que terminó y recordar solo los buenos momentos, olvidando las razones por las que la ruptura ocurrió. Este tipo de pensamiento no solo nos estanca en el pasado, sino que también dificulta la aceptación y el proceso de sanación. Es fundamental ser realistas y recordar tanto los aspectos positivos como los negativos de la relación.

Perseguir a tu ex en redes sociales

Stalkear a tu ex en redes sociales puede convertirse en una práctica muy dañina. Ver qué está haciendo o con quién está solo aumenta el dolor y la ansiedad. La mejor opción es limitar el acceso a su perfil o, si es posible, bloquear temporalmente para evitar la tentación y concentrarse en tu propia recuperación.

Culparte por todo lo que sucedió

Las rupturas rara vez son responsabilidad de una sola persona. Culparte exclusivamente por todo lo que salió mal no te ayudará a avanzar. Es más útil reflexionar sobre lo que sucedió, identificar las lecciones aprendidas y utilizarlas para crecer personalmente. La autocompasión y el perdón a uno mismo son claves en este proceso.

Intentar anestesiar el dolor con sustancias o relaciones rebote

Algunos intentan aliviar el dolor recurriendo al alcohol, las drogas, o incluso a nuevas relaciones de manera impulsiva. Aunque puede parecer que estos métodos ofrecen un alivio momentáneo, en realidad solo postergan el proceso de sanación y añaden más complicaciones emocionales. Es mejor permitirte sentir el dolor y buscar formas saludables de lidiar con él.

Aislarte completamente

Aunque es normal querer espacio después de una ruptura, aislarte completamente de amigos y seres queridos puede ser perjudicial. El apoyo social es una herramienta crucial para la recuperación emocional. Hablar con alguien en quien confíes, buscar consuelo en tu círculo cercano y compartir lo que estás pasando puede marcar una gran diferencia en cómo enfrentas este momento.

Tomar decisiones importantes de forma impulsiva

Las emociones intensas pueden llevarnos a querer hacer cambios drásticos en nuestra vida, como mudarnos, dejar el trabajo, o hacer grandes compras. Sin embargo, es mejor posponer decisiones importantes hasta que te sientas más estable emocionalmente. Las decisiones impulsivas en medio del dolor suelen estar cargadas de emociones pasajeras y no siempre son las más acertadas.

Compararte con la nueva pareja de tu ex

Si tu ex ya ha encontrado una nueva pareja, es fácil caer en la comparación y empezar a cuestionar tu valía. Recuerda que cada persona y relación es única, y lo que haga tu ex no tiene nada que ver con tu valor como individuo. Evitar este tipo de comparaciones es esencial para proteger tu autoestima y tu bienestar emocional.

Dejarse llevar por el despecho

El despecho puede llevar a comportamientos impulsivos y dañinos que no solo complican más el proceso de sanación, sino que también pueden afectar negativamente a otras personas involucradas. Evita realizar acciones que puedan tener repercusiones graves o que vayan en contra de tus valores. Es importante mantener la calma y buscar maneras constructivas de liberar tus emociones.

CONSIDERACIONES FINALES

Recuperarse de una ruptura amorosa no es un proceso lineal ni sencillo, y evitar estos errores puede marcar una gran diferencia en tu bienestar emocional. Cada ruptura es una oportunidad para aprender más sobre ti mismo, para crecer y para desarrollar una mayor resiliencia. Date permiso para sentir, para descansar, y para buscar ayuda si la necesitas. Recuerda siempre que la sanación es posible y que mereces encontrar paz y felicidad nuevamente.

PREGUNTAS QUE DEBERÍAMOS HACERNOS CUANDO ESTAMOS ATRAVESANDO UNA RUPTURA AMOROSA: REFLEXIONANDO PARA SANAR MEJOR

LAS RUPTURAS AMOROSAS pueden ser dolorosas y desafiantes, pero también son una oportunidad para la reflexión y el crecimiento personal. Hacernos preguntas importantes durante este proceso puede ayudarnos a entender mejor nuestras emociones, identificar nuestras necesidades y comenzar a construir una nueva vida con mayor claridad y propósito. Aquí te comparto algunas preguntas que podrían ser útiles en este momento tan especial.

¿Qué es lo que más me duele de esta ruptura?

Es fundamental identificar el origen de nuestro dolor. ¿Es la pérdida de la rutina, de la conexión emocional, del futuro que habíamos imaginado? Entender qué es lo que realmente nos afecta nos permite abordar el duelo con mayor claridad y enfocarnos en sanar esas áreas específicas.

¿Estoy siendo amable conmigo mismo?

Durante una ruptura, es fácil caer en la autocrítica y culparse por lo que salió mal. Pregúntate si te estás tratando con la compasión que mereces. La autocompasión es clave para sanar y avanzar sin añadir más peso emocional a lo que ya estamos viviendo.

¿Qué puedo aprender de esta experiencia?

Cada relación tiene algo que enseñarnos, incluso cuando termina. Reflexionar sobre lo que hemos aprendido sobre nosotros mismos, nuestras necesidades y nuestros límites puede ayudarnos a crecer y evitar repetir patrones no saludables en el futuro.

¿Qué emociones estoy evitando sentir?

A veces, evitamos emociones como la tristeza, la rabia o el miedo porque son incómodas. Pregúntate si hay algo que estás reprimiendo. Sentir y procesar estas emociones es esencial para poder liberarlas y seguir adelante de una manera saludable.

¿Qué me hace sentir mejor, aunque sea solo un poco?

Identificar aquellas actividades, personas o pensamientos que nos brindan un poco de alivio puede ser muy útil para manejar el dolor. Puede ser tan simple como dar un paseo, escuchar música o hablar con un amigo. Reconocer lo que nos ayuda nos permite tomar acciones concretas para cuidarnos.

¿Estoy idealizando la relación que tuve?

Es común, durante el duelo, idealizar la relación y recordar solo los momentos felices. Pregúntate si estás siendo realista o si estás dejando de lado las dificultades que también existieron. Tener una visión equilibrada de lo que fue la relación es importante para poder dejarla ir.

¿Cuáles son mis límites ahora?

Después de una ruptura, es importante establecer límites claros, tanto con la ex pareja como con uno mismo. Pregúntate cuáles son esos límites que necesitas para proteger tu bienestar emocional y asegurarte de que estás respetando tus propias necesidades.

¿Qué quiero para mi futuro?

Aunque puede ser difícil pensar en el futuro justo después de una ruptura, preguntarte qué deseas a largo plazo puede ayudarte a establecer una nueva dirección. Este es un momento para redefinir tus sueños y objetivos, y para recordar que todavía hay muchas cosas por las que vale la pena seguir adelante.

¿Estoy dispuesto a buscar ayuda si la necesito?

A veces, necesitamos el apoyo de amigos, familiares o incluso de un profesional para poder superar una ruptura. Pregúntate si estás dispuesto a pedir ayuda si sientes que el dolor se vuelve abrumador. No tienes que pasar por esto solo, y buscar apoyo es una muestra de fortaleza.

¿Qué cosas me hacen sentir agradecido hoy?

A pesar del dolor, es importante recordar que siempre hay algo por lo que podemos sentirnos agradecidos. Reflexionar sobre aquello que aún tenemos en nuestra vida puede ayudar a cambiar el enfoque y a cultivar una perspectiva más positiva, incluso en medio del duelo.

¿Estoy permitiéndome descansar?

Es importante asegurarse de no sobrecargarse emocionalmente o físicamente. Durante una ruptura, el descanso es fundamental para procesar el dolor y mantener la energía necesaria para el autocuidado.

¿Estoy aislándome de las personas que me importan?

Es común querer aislarse cuando estamos pasando por momentos difíciles, pero la conexión con amigos y seres queridos es vital para el proceso de sanación. Pregúntate si estás alejándote de aquellos que pueden brindarte apoyo.

¿Qué comportamientos estoy llevando a cabo para evadir el dolor?

¿Estoy tratando de llenar el vacío con comportamientos poco saludables, como el uso excesivo de las redes sociales, el alcohol, o las compras impulsivas? Identificar y reemplazar estos comportamientos con acciones más positivas es un paso importante hacia la recuperación.

¿Estoy enfocándome solo en los aspectos negativos de la ruptura?

Reflexionar sobre los aspectos positivos y sobre lo que has aprendido de la relación, aunque sea difícil, puede ayudarte a superar la situación con una mentalidad más abierta y equilibrada.

¿Qué parte de mí siento que he perdido?

A veces, una relación puede llegar a definir una parte de nuestra identidad. Pregúntate qué aspectos de ti mismo sientes que has perdido, y empieza a buscar maneras de reconectar con ellos o redescubrir quién eres sin la relación.

¿Cómo puedo aprovechar este tiempo para crecer personalmente?

Las rupturas también pueden ser una oportunidad para dedicarte a proyectos, pasatiempos, o aspectos personales que habías dejado de lado. Pregúntate cómo podrías aprovechar este momento para invertir en ti mismo y crecer de nuevas formas.

Reflexiona y Conecta Contigo Mismo

Estas preguntas son una invitación a la introspección y al autocuidado. Tómate el tiempo para responderlas con sinceridad y recuerda que cada ruptura, aunque dolorosa, también es una oportunidad para el crecimiento y la transformación.

GLOSARIOS: TÉRMINOS IMPORTANTES PARA ENTENDER EL PROCESO DE DUELO

ESTE SISTEMA DE GLOSARIOS está diseñado para ayudarte a navegar y comprender mejor el proceso de duelo tras una ruptura amorosa. Cada uno aborda un aspecto diferente de la experiencia emocional, psicológica y relacional, proporcionando definiciones claras que te permitirán identificar y gestionar lo que estás viviendo. Conocer estos conceptos es un paso importante hacia la sanación y el crecimiento personal.

TÉRMINOS PSICOLÓGICOS SOBRE RUPTURA AMOROSA

Este glosario está diseñado para ayudarte a comprender mejor cómo funciona tu mente durante una ruptura amorosa. Estos conceptos te ayudarán a identificar y entender tus emociones y pensamientos mientras vives este proceso, para que puedas sanarte y crecer a partir de esta experiencia.

Aceptación: Fase del duelo en la que te das cuenta y asumes que la relación ha terminado. Aceptar la realidad es un paso fundamental para dejar atrás el pasado y abrirte a nuevas oportunidades en el futuro.

Ansiedad de Separación: Sensación de inquietud que surge al enfrentarte a la idea de estar lejos de alguien importante. Es común sentir esto tras una ruptura, especialmente si compartían muchas partes de su vida diaria.

Autocompasión: Actitud de comprensión y amabilidad hacia ti mismo en momentos difíciles. Durante una ruptura, ser autocompasivo significa tratarte con el mismo cariño que le darías a un amigo en una situación similar.

Autoconfianza: Sentirte seguro de tus propias habilidades y capacidades. Después de una ruptura, tu autoconfianza puede tambalearse, pero es esencial fortalecerla para seguir adelante y reconstruir una vida plena e independiente.

Catarsis: Liberación de emociones al expresar lo que sientes profundamente. Puede ser a través del llanto, hablar con alguien o hacer actividades creativas. La catarsis ayuda a aliviar la tensión y avanzar hacia la sanación.

Dependencia Emocional: Necesidad excesiva de apoyo y validación de otra persona para sentirte bien contigo mismo. Si eres emocionalmente dependiente, superar la ruptura se vuelve más difícil, porque perdiste tanto la relación como la fuente principal de seguridad.

Desapego: Proceso de dejar de depender emocionalmente de alguien. No significa dejar de querer, sino aprender a vivir sin depender de esa persona para ser feliz. Es clave para recuperar tu bienestar emocional tras una ruptura.

Disonancia Cognitiva: Sensación de conflicto interno que aparece cuando tienes dos pensamientos contradictorios. Durante una ruptura, esto puede pasar si una parte de ti sabe que la relación no era buena, pero otra parte sigue deseando volver.

Introspección: Mirar hacia adentro y reflexionar sobre tus pensamientos, emociones y acciones. La introspección te permite entender mejor qué sientes, por qué lo sientes y cómo avanzar de forma consciente y saludable.

Mecanismo de Defensa: Estrategias que usa tu mente, sin que te des cuenta, para protegerte de emociones dolorosas. Ejemplos durante una ruptura son la negación, la racionalización y la proyección. Estos mecanismos alivian el impacto emocional inicial, pero es importante reconocerlos para no quedar atrapado en ellos.

Negación: Mecanismo de defensa que consiste en rechazar la realidad para evitar la angustia. Tras una ruptura, la negación puede hacer que te cueste aceptar que la relación terminó, retrasando el proceso de sanación.

Proyección: Mecanismo de defensa en el que atribuyes a otra persona tus propios sentimientos que no quieres aceptar. Durante una ruptura, puedes proyectar en tu ex pareja sentimientos de culpa o enojo que en realidad son tuyos.

Racionalización: Mecanismo de defensa que implica justificar una situación dolorosa para aliviar el malestar. En una ruptura, puedes crear explicaciones que te hagan sentir mejor, aunque no sean del todo ciertas. Es una forma de protegerte del dolor inmediato, pero no siempre te permite enfrentar la realidad.

Reestructuración Cognitiva: Técnica que consiste en identificar y cambiar pensamientos negativos o irracionales por otros más positivos y realistas. En el duelo, esta técnica te ayuda a superar creencias que te limitan y a recuperarte de manera más saludable.

Resiliencia: Capacidad de recuperarte de situaciones difíciles. En una ruptura, la resiliencia te ayuda a superar el dolor, adaptarte a la nueva realidad y crecer a partir de la experiencia.

Vulnerabilidad: Capacidad de mostrar tus emociones, especialmente cuando te sientes inseguro o expuesto. Ser vulnerable durante una ruptura puede ser difícil, pero es esencial para conectarte con otros y recibir el apoyo necesario para sanar.

TÉRMINOS EMOCIONALES

Este glosario está pensado para ayudarte a identificar y entender mejor las emociones y sentimientos que se experimentan durante una ruptura amorosa. Cada uno de estos términos describe una parte del proceso emocional, proporcionando un contexto para normalizar y procesar lo que estás viviendo.

Aceptación: Estado emocional en el que asumimos la realidad de la pérdida y comenzamos a integrarla en nuestra vida. Aceptar no significa olvidar, sino aprender a vivir con la ausencia y encontrar un nuevo equilibrio.

Alivio: Sensación de paz que aparece cuando una relación llena de conflicto o tensión termina. Aunque puede ir acompañada de tristeza, el alivio es una parte válida del proceso de sanación.

Ansiedad: Inquietud y preocupación relacionadas con el miedo o la incertidumbre sobre el futuro. Durante una ruptura, la ansiedad puede surgir al pensar en cómo será la vida sin la pareja, o al temer la soledad. Puede incluir pensamientos repetitivos y miedo a no poder enfrentar el cambio.

Confusión: Desorientación emocional que ocurre cuando experimentamos emociones contradictorias, como amor, enojo, tristeza y esperanza al mismo tiempo. Esta mezcla de sentimientos puede hacernos dudar de cómo actuar.

Culpa: Sensación de responsabilidad o arrepentimiento por lo que hicimos o dejamos de hacer. En una ruptura, la culpa puede surgir al reflexionar sobre las decisiones o acciones que podrían haber contribuido al final de la relación.

Desesperanza: Sentimiento de falta de expectativas positivas sobre el futuro. Es común en las primeras etapas del duelo, cuando parece imposible imaginar una vida sin esa relación.

Despecho: Resentimiento y tristeza que a veces lleva al deseo de venganza. El despecho puede motivar acciones impulsivas o poco saludables, como intentar causar dolor a la otra persona. Reconocer este sentimiento y evitar actuar desde él es clave para avanzar de manera saludable.

Duelo: Proceso de adaptación emocional tras una pérdida importante. En una ruptura, el duelo implica lidiar con la ausencia de la pareja y reconstruir una vida sin esa persona.

Esperanza: Sentimiento positivo que surge cuando comenzamos a ver un futuro más allá de la pérdida. La esperanza nos ayuda a enfocarnos en el crecimiento personal y en nuevas oportunidades.

Esperanza Rota: Sensación de desilusión al darse cuenta de que los sueños y planes que teníamos ya no podrán realizarse. Es parte del proceso de aceptar la realidad.

Melancolía: Tristeza profunda ligada a la nostalgia por los buenos momentos vividos. La melancolía suele aparecer al recordar lo positivo de la relación.

Rabia: Enojo intenso que surge por la frustración. Puede estar dirigida hacia uno mismo, hacia la ex pareja o hacia la situación en general, y es parte del ajuste emocional tras la pérdida.

Resignación: Aceptación pasiva de la pérdida, que no siempre implica crecimiento personal. La resignación puede ser un paso previo a la aceptación, pero es importante avanzar hacia un estado de aprendizaje.

Soledad: Sensación de aislamiento tras la ruptura. Es importante diferenciar entre estar solo y sentirse solo, ya que la soledad puede combatirse conectando con uno mismo y con los demás.

Tristeza: Pena y desánimo que sentimos tras una pérdida. Es una emoción natural del duelo y nos ayuda a procesar la pérdida a través de la expresión emocional.

Vulnerabilidad: Estado en el que nos sentimos expuestos e inseguros. Durante una ruptura, la vulnerabilidad surge al aceptar nuestros sentimientos y mostrarlos a otros, lo cual es importante para sanar.

TÉRMINOS RELACIONALES

Este glosario incluye conceptos relacionados con las dinámicas de pareja y cómo estas influyen en la ruptura y el proceso posterior. Cada uno de estos términos te ayudará a comprender mejor las distintas situaciones que pueden surgir durante una relación y, eventualmente, durante su final.

Codependencia: Situación en la que una persona depende emocionalmente de la otra, al punto de perder su autonomía. En una relación codependiente, una persona puede sentir que su felicidad depende completamente de la otra, lo cual genera un desequilibrio y una pérdida de identidad personal.

Conflicto Constructivo: Enfrentamiento de opiniones o desacuerdos que, en lugar de dañar la relación, la fortalecen. Un conflicto constructivo permite que ambos miembros expresen sus necesidades y lleguen a acuerdos, fortaleciendo así la comprensión mutua y la conexión emocional.

Dependencia Emocional: Necesidad constante de recibir validación y afecto de la pareja para sentirse bien consigo mismo. La dependencia emocional puede hacer que una persona se sienta incapaz de estar sola y busque continuamente la aprobación del otro, lo cual afecta negativamente la relación y el bienestar personal.

Desapego Saludable: Habilidad para desligarse emocionalmente de la pareja sin dejar de amar. El desapego saludable permite mantener la autonomía y el bienestar propio, evitando la dependencia excesiva y respetando los límites personales.

Gaslighting: Forma de manipulación en la que una persona hace que la otra dude de su propia percepción de la realidad. Este comportamiento es muy dañino, ya que puede hacer que la víctima pierda la confianza en sí misma y dependa emocionalmente del manipulador.

Intimidad: Conexión profunda que implica la apertura emocional y la vulnerabilidad entre los miembros de la pareja. La intimidad es fundamental para que una relación sea satisfactoria y duradera, y se construye a través de la confianza, el respeto y la comunicación sincera.

Límites Personales: Fronteras emocionales y físicas que una persona establece para proteger su bienestar. Los límites personales son esenciales para mantener el respeto y la autonomía dentro de una relación. Definir y comunicar estos límites permite que ambas partes se sientan seguras y valoradas.

Manipulación Emocional: Estrategia utilizada por una persona para controlar o influir en el comportamiento de la otra, a menudo utilizando el miedo, la culpa o la dependencia. La manipulación emocional es un signo de una relación tóxica y puede tener consecuencias muy negativas en el bienestar de la persona manipulada.

Reconciliación: Proceso de intentar restablecer una relación después de una separación. La reconciliación puede darse cuando ambas partes reconocen los problemas que causaron la ruptura y están dispuestas a trabajar en ellos, con el objetivo de reconstruir la relación sobre bases más saludables.

Relación de Apoyo Mutuo: Relación en la que ambas partes se apoyan mutuamente en sus metas y desafíos personales. Este tipo de relación se basa en el respeto, la comunicación y el deseo de ver al otro crecer y ser feliz, y es fundamental para el bienestar de ambos miembros.

Relación de Rebound: Relación que comienza poco después de una ruptura, a menudo como una forma de evitar el dolor de la separación. Las relaciones de rebound suelen ser pasajeras y no siempre permiten que las personas procesen adecuadamente el duelo de la relación anterior.

Relación Intermitente: Relación caracterizada por rupturas y reconciliaciones frecuentes. Este tipo de relación suele ser emocionalmente agotadora, ya que ambos miembros se ven atrapados en un ciclo de separación y vuelta que dificulta la estabilidad y el crecimiento emocional.

Relación Tóxica: Relación donde uno o ambos miembros tienen comportamientos dañinos que afectan el bienestar del otro. Este tipo de relación suele estar llena de manipulación, falta de respeto y dinámicas de poder desiguales, lo cual impide el crecimiento emocional de ambas partes.

Ruptura Amistosa: Separación de una pareja donde ambas partes aceptan el final sin conflicto significativo. En una ruptura amistosa, los dos miembros comprenden que la relación ya no es funcional o satisfactoria, pero mantienen el respeto y el afecto, lo cual permite una separación más sana y menos dolorosa.

Ruptura Conflictiva: Separación que implica discusiones, desacuerdos y emociones intensas. Este tipo de ruptura suele ser dolorosa y dejar heridas emocionales profundas, lo cual puede dificultar el proceso de sanación para ambas partes.

TIPOS DE RELACIONES Y RUPTURAS

Este glosario está pensado para ayudar a los lectores a identificar qué tipo de relación tuvieron y cómo esto influye en su proceso de duelo. Entender la naturaleza de la relación puede facilitar el proceso de sanación, ya que cada tipo de relación y ruptura trae consigo desafíos y aprendizajes diferentes.

Ghosting: Forma de terminar una relación de manera abrupta y sin comunicación, lo cual puede generar confusión y dolor en la persona que lo experimenta, ya que se queda sin respuestas ni cierre emocional.

Relación a Corto Plazo: Relación que dura poco tiempo, generalmente sin llegar a profundizar en el compromiso. La ruptura de una relación a corto plazo suele ser menos dolorosa, pero puede dejar sentimientos de "y si" o dudas sobre lo que podría haber sido si se hubiera intentado más.

Relación a Distancia: Relación donde los miembros viven en lugares alejados y no tienen contacto físico frecuente. Este tipo de relación requiere un gran compromiso y confianza mutua. La ruptura de una relación a distancia puede traer un tipo de dolor particular, relacionado con la falta de contacto y la dificultad de mantener la conexión a lo largo del tiempo.

Relación Abusiva: Relación en la que una de las partes ejerce poder y control sobre la otra, a menudo a través de abuso emocional, físico o psicológico. La ruptura de una relación abusiva puede ser especialmente complicada, ya que el abuso genera miedo y dependencia. Sin embargo, salir de una relación abusiva es el primer paso hacia la recuperación y la reconstrucción de la autoestima.

Relación Casual: Relación sin un compromiso a largo plazo, donde ambas partes buscan disfrutar del presente sin expectativas futuras. La ruptura de una relación casual puede ser menos dolorosa que otras rupturas, aunque, si una de las partes desarrolló sentimientos más profundos, puede resultar difícil aceptar el final.

Relación Codependiente: Relación en la que ambos miembros dependen emocionalmente uno del otro de una manera poco saludable. En este tipo de relación, cada persona intenta satisfacer sus propias necesidades a través de la otra, lo cual genera un ciclo de dependencia difícil de romper. La ruptura de una relación codependiente implica aprender a satisfacer las propias necesidades sin depender del otro.

Relación de Apoyo Mutuo: Relación en la que ambos miembros se apoyan mutuamente en sus metas y desafíos personales. Aunque estas relaciones suelen ser saludables, cuando terminan, el proceso de duelo puede implicar la pérdida no solo de una pareja, sino también de un compañero de vida y un apoyo importante.

Relación de Dependencia: Relación en la que una persona depende de la otra para satisfacer sus necesidades emocionales. En este tipo de relación, una de las partes (o ambas) puede sentir que no es capaz de vivir sin la otra. La ruptura de una relación de dependencia suele ser difícil, ya que implica recuperar la autonomía y aprender a encontrar la felicidad sin la constante validación de la otra persona.

Relación de Rebound (Rebote): Relación que comienza poco después de una ruptura, generalmente para llenar el vacío emocional dejado por la relación anterior. Las relaciones de rebote suelen ser una forma de evitar enfrentar el dolor de la ruptura, y aunque algunas veces pueden evolucionar hacia algo más estable, muchas veces terminan cuando la persona se siente lista para estar sola nuevamente.

Relación Intermitente: Relación que tiene constantes separaciones y reconciliaciones. Este tipo de relación es emocionalmente agotadora, ya que las idas y venidas generan inseguridad y dificultad para establecer una conexión estable. La ruptura definitiva de una relación intermitente puede ser un alivio, pero también conlleva el desafío de romper el ciclo y aceptar que es necesario dejar de intentar volver.

Relación Tóxica: Relación en la que uno o ambos miembros tienen comportamientos que dañan el bienestar emocional o físico del otro. Las relaciones tóxicas suelen estar marcadas por la manipulación, la falta de respeto y el control. Romper con una relación tóxica puede ser muy liberador, pero también puede dejar secuelas emocionales que requieren tiempo y apoyo para sanar.

Ruptura Amistosa: Separación donde ambas partes acuerdan terminar la relación sin conflictos significativos. Una ruptura amistosa se caracteriza por el respeto y la comprensión mutua, y suele ser menos dolorosa que otras rupturas porque ambas personas están de acuerdo en que el final de la relación es lo mejor para ambos. Aun así, puede haber sentimientos de tristeza y nostalgia.

Ruptura Conflictiva: Separación que implica desacuerdos y discusiones intensas. Este tipo de ruptura deja heridas emocionales más profundas debido al conflicto y al daño causado durante el proceso. El duelo tras una ruptura conflictiva puede requerir más tiempo y un esfuerzo consciente para dejar atrás el resentimiento y el enojo.

Ruptura Imprevista: Separación que ocurre de manera sorpresiva para una o ambas partes. Las rupturas imprevistas suelen ser especialmente dolorosas debido a la falta de preparación emocional y a la sensación de pérdida repentina. Este tipo de ruptura puede generar una mayor necesidad de respuestas y explicaciones para poder aceptar la situación.

Ruptura Mutua: Separación en la que ambas partes están de acuerdo en que lo mejor es terminar la relación. Aunque puede ser menos traumática que otras rupturas, sigue siendo dolorosa, ya que ambas partes enfrentan la pérdida de una conexión significativa, pero con la certeza de que es la decisión correcta.

Ruptura por Crecimiento Personal: Separación que ocurre porque una o ambas partes sienten que han crecido en direcciones diferentes y que la relación ya no contribuye a su bienestar o desarrollo personal. Este tipo de ruptura, aunque dolorosa, puede ser una oportunidad para ambos de seguir creciendo de manera independiente.

TÉCNICAS Y ESTRATEGIAS PARA LA SANACIÓN

Este glosario incluye términos relacionados con técnicas y estrategias que puedes emplear durante tu proceso de sanación. Cada una de estas prácticas está diseñada para ayudarte a manejar tus emociones, reducir el estrés y fomentar el crecimiento personal tras una ruptura amorosa.

Afirmaciones Positivas: Frases positivas que se repiten para cambiar los patrones de pensamiento negativo. Las afirmaciones positivas, como "Soy suficiente" o "Merezco ser feliz", ayudan a reprogramar la mente y a cultivar una actitud más positiva y fortalecedora.

Apoyo Social: Buscar y aceptar el apoyo de amigos, familiares o grupos de apoyo que puedan ofrecer comprensión y empatía. Hablar con personas de confianza sobre lo que estás experimentando puede aliviar la carga emocional y proporcionarte un sentido de pertenencia y conexión durante el proceso de duelo.

Autocuidado: Conjunto de acciones y hábitos destinados a cuidar la salud física y mental. El autocuidado implica hacer cosas que te hagan sentir bien, como descansar, comer bien, hacer ejercicio, y dedicar tiempo a actividades que disfrutes. Practicar el autocuidado es fundamental para recuperar tu bienestar después de una ruptura.

Contacto con la Naturaleza: Pasar tiempo al aire libre para conectarse con la naturaleza, lo cual puede tener un efecto calmante y revitalizante. Caminar en un parque, escuchar el canto de los pájaros o simplemente estar rodeado de naturaleza puede ayudarte a reducir el estrés y mejorar tu bienestar general.

Ejercicio Físico: Actividad física que contribuye a la liberación de endorfinas, conocidas como las hormonas de la felicidad. El ejercicio no solo mejora tu estado físico, sino que también es una excelente herramienta para liberar tensiones, reducir la ansiedad y mejorar el estado de ánimo.

Escritura Terapéutica: Uso de la escritura para expresar emociones y liberar tensiones emocionales. Escribir sobre lo que sientes, ya sea en un diario o a través de cartas que nunca enviarás, es una forma efectiva de procesar y liberar las emociones acumuladas, ayudándote a aclarar tus pensamientos y a comprender mejor tus sentimientos.

Journaling (Diario de Reflexión): Técnica de escribir regularmente sobre tus pensamientos, emociones y experiencias para procesarlos mejor. Llevar un diario te permite explorar tus sentimientos de manera más profunda y reflexionar sobre tu progreso emocional a lo largo del tiempo.

Meditación: Técnica de relajación y concentración que ayuda a manejar la ansiedad y el estrés. La meditación te permite enfocarte en tu respiración y en el momento presente, ayudando a calmar la mente y reducir los pensamientos negativos que suelen surgir durante una ruptura.

Mindfulness (Atención Plena): Práctica de estar presente en el momento actual, sin juzgar las emociones que surgen. El mindfulness te ayuda a aceptar lo que estás sintiendo sin tratar de cambiarlo o evitarlo. Esta práctica es especialmente útil para reducir la ansiedad y evitar que los pensamientos negativos te dominen.

Reevaluación Cognitiva: Técnica de reinterpretar una situación para modificar su impacto emocional. La reevaluación cognitiva te permite cambiar la forma en que percibes una situación dolorosa, encontrando un sentido positivo o una lección en la experiencia. Esto te ayuda a reducir el dolor y a avanzar de manera más saludable.

Respiración Profunda: Técnica de respiración lenta y controlada que ayuda a reducir la ansiedad y el estrés. Practicar la respiración profunda puede ayudarte a relajarte en momentos de angustia, estabilizando tu sistema nervioso y promoviendo una sensación de calma.

Técnica de la Gratitud: Practicar la gratitud implica enfocarse en las cosas positivas de tu vida y agradecer por ellas. Esto ayuda a cambiar el enfoque de lo que falta o se ha perdido hacia lo que aún tienes y valoras, mejorando tu perspectiva y estado emocional.

Técnicas de Relajación Progresiva: Método que consiste en tensar y relajar diferentes grupos musculares del cuerpo para reducir la tensión física y mental. Esta técnica es útil para liberar el estrés acumulado en el cuerpo y ayudar a relajar la mente.

Terapia de Habla: Conversar con un terapeuta para explorar y procesar las emociones de la ruptura. La terapia puede proporcionarte un espacio seguro donde expresar tus sentimientos, identificar patrones que dificulten tu sanación y recibir herramientas efectivas para enfrentar el duelo.

Visualización Positiva: Técnica que consiste en imaginar situaciones positivas o escenarios deseados para reducir el estrés y aumentar el bienestar. Visualizarte a ti mismo superando el dolor y sintiéndote feliz puede motivarte y ayudarte a mantener una actitud más optimista mientras navegas el duelo.

BIBLIOGRAFÍA

– Castillo Cañadas A. AGRUPAR: Ayuda Guiada para la Ruptura de Pareja. Programa grupal de intervención para la reducción de las consecuencias negativas derivadas de la ruptura de pareja, en jóvenes de 18 a 24 años [Internet]. 2022 [citado 2024 ago 18]. Disponible en: https://dspace.umh.es/handle/11000/27842

– Castillo Trelles GO, Rabanal Rimaycuna AE. Duelo por rupturas amorosas entre estudiantes de psicología de primeros y últimos ciclos de una Universidad Privada Piura, 2023 [Internet]. 2024 [citado 2024 oct 1]. Disponible en: https://repositorio.upao.edu.pe/handle/20.500.12759/35371

– Collazos Ticona GR. Crecimiento postraumático y regulación emocional luego de una ruptura de pareja [Internet]. 2022 [citado 2024 ago 24]. Disponible en: https://tesis.pucp.edu.pe/repositorio/handle/20.500.12404/22880

– Dantas Guedes D. Desde apasionarse hasta pasar por el duelo por la ruptura amorosa: consideraciones a partir de la teoría del apego, del psicoanálisis y de la psiconeurología. RPP [Internet]. 2022 may 23 [citado 2024 oct 8];(5). Disponible en: http://p3.usal.edu.ar/index.php/psicol/article/view/5991

– Garabito S, García FE, Neira M, Puentes E. Ruptura de pareja en adultos jóvenes y salud mental: estrategias de afrontamiento ante el estrés del término de una relación. Psychologia. Avances de la Disciplina [Internet]. 2020 [citado 2024 ago 30];14(1):47-59. Epub 2021 ene 26. Disponible en: https://doi.org/10.21500/19002386.4560

– Guedes D. Mediación de las representaciones de apego en el afrontamiento de la experiencia de ruptura de las relaciones románticas. Rev Cient Arbit Fund MenteClara [Internet]. 2022 dic [citado 2024 ago 15];7. Disponible en: https://fundacionmenteclara.org.ar/revista/index.php/RCA/article/view/315 doi: https://doi.org/10.32351/rca.v7.315

– Gutiérrez Flores A. Dependencia afectivo emocional, niveles de estrés y estrategias de afrontamiento en estudiantes de la carrera de Psicología de la Universidad Mayor de San Andrés [Internet]. 2022 [citado 2024 oct 5]. Disponible   en: https://repositorio.umsa.bo/handle/123456789/29330

– Henao Ceballos P, Muñoz Y. Análisis del afrontamiento de rupturas amorosas desde la psicología del consumidor. Diversitas Perspect Psicol [Internet]. 2021 [citado 2024 sep 25];17(2):151-161. Epub 2021 jul 1. Disponible en: https://doi.org/10.15332/22563067.7110

– Manrique Bustos AM, Miranda Giraldo J. Análisis del discurso de cuatro participantes que atravesaron una ruptura amorosa desde la teoría de aceptación y compromiso [Internet]. 2023 [citado 2024 sep 3]. Disponible en: https://alejandria.poligran.edu.co/handle/10823/6997

– Mateo Crisóstomo Y, Aguilar Zavala H, Arméndariz García NA, García Campos ML, Hernández Ramírez G. Estrategias de afrontamiento al estrés en jóvenes consumidores de drogas: revisión integradora. Ciencia Latina [Internet]. 2023 ago 3 [citado 2024 ago 19];7(4):2477-93. Disponible en: https://ciencialatina.org/index.php/cienciala/article/view/7068

– Mendoza D, Guzmán-Saldaña RM, Lerma-Talamantes A, Bosques–Brugada LE. Ruptura amorosa, proceso del duelo y aspectos académicos en estudiantes universitarios. ICSA [Internet]. 2021 dic 5 [citado 2024 ago 22];10(19):9-16. Disponible en: https://repository.uaeh.edu.mx/revistas/index.php/ICSA/article/view/7967

– Navarro Vásquez P. Intervención grupal online para la elaboración del duelo y recuperación del bienestar psicológico tras una ruptura amorosa. Ciencia y Sociedad [Internet]. 2020 [citado 2024 oct 22];45(4):119-132. Disponible en: https://doi.org/10.22206/cys.2020.v45i4.pp119-132

– Peñuñuri LY, Rey-Anacona CA, Suárez YB. Tratamientos terapéuticos para afrontar la ruptura amorosa: Una revisión sistemática. Psychologia. Avances de la Disciplina [Internet]. 2024 [citado 2024 oct 17];18(1):23-37. Epub 2024 oct 3. Disponible en: https://doi.org/10.21500/19002386.6577

– Ramos Sánchez AR, Alzola Rivera M. Resiliencia en jóvenes tras la ruptura de pareja [Internet]. 2023 [citado 2024 ago 31]. Disponible en: https://riull.ull.es/xmlui/handle/915/33907

– Seales Rodríguez E. El duelo en la ruptura amorosa [Internet]. Medellín y Envigado: Universidad Cooperativa de Colombia, Facultad de Ciencias Sociales, Psicología; 2024. Disponible en: https://hdl.handle.net/20.500.12494/56847

Don't miss out!

Visit the website below and you can sign up to receive emails whenever Arturo José Sánchez Hernández publishes a new book. There's no charge and no obligation.

https://books2read.com/r/B-A-RZZWB-QRUFF

BOOKS 2 READ

Connecting independent readers to independent writers.

Did you love *Cuando el Amor Termina*? Then you should read *Renacer entre Rejas*[1] by Arturo José Sánchez Hernández!

[2]

En **Renacer entre Rejas: Un Camino hacia la Libertad Interior**, se invita al lector a un viaje transformador lleno de esperanza y resiliencia, donde se aborda el desafío de convertir la prisión en una oportunidad para el crecimiento personal y la redención. El libro explora cómo cambiar desde adentro, aprovechando el dolor y los errores del pasado para construir una mejor versión de uno mismo. Se enfoca en liberarse no solo de las rejas físicas, sino también de las barreras emocionales e internas. Con un enfoque en el perdón, la gratitud y el poder de la esperanza, **Renacer entre Rejas** es para aquellos que buscan un nuevo comienzo más allá de las circunstancias adversas.

---

1. https://books2read.com/u/38qWKd

2. https://books2read.com/u/38qWKd

Also by Arturo José Sánchez Hernández

Adolescentes con Propósito
Propósito en Marcha

Detti illustrati
Virtù cardinali
Chiavi per sedurre con efficacia

Dictons illustrés
Vertus Cardinals
Clés Pour Séduire Efficacement
Attitudes Puissantes
Décide avec Sagesse

Ditados Ilustrados
Virtudes Cardinais
Chaves Para Conquistar Com Eficácia

Guérison et croissance personnelle
Quand l'amour s'achève

Healing and Personal Growth
When Love Ends
Challenging Loneliness
Rebirth Behind Bars

Illustrated sayings
Cardinal Virtues
Keys to Effective Seduction
Powerful Attitudes
Decide Wisely

Jugendliche mit Zweck
Zweck in Aktion

Sanación y Crecimiento Personal
Cuando el Amor Termina
Desafiando la Soledad
Renacer entre Rejas

Teens with Purpose

Purpose in Action

About the Author

Arturo José Sánchez Hernández, born in Havana in 1970, is a physician specializing in Comprehensive General Medicine and Psychiatry. He has an extensive professional and academic background, supported by several publications focused on ethics and the theory of values.

With notable experience in sexuality and couple and family psychotherapy, Dr. Sánchez Hernández has devoted part of his career to exploring these areas of mental health. Additionally, he is distinguished as an author of self-help and personal growth books, where sayings and images play a central role.

He currently resides in Maun, Botswana, where he practices as a psychiatrist at the Letsholathebe II Memorial Hospital. His commitment to mental health and individual well-being has made him a highly regarded professional both in his home country and in his new community in Botswana.

www.ingramcontent.com/pod-product-compliance
Lightning Source LLC
Chambersburg PA
CBHW031647170726
47990CB00019B/2660